곰곰이네의
비밀을 밝혀라!

역사를 바꾼 인물·인물을 키운 역사

대륙을 달려라!
연개소문

역사·인물 편찬 위원회 엮음

역사디딤돌

머리말

　연개소문은 고구려를 지킨 마지막 장군이었다. 연개소문이 사라지면서 고구려는 드넓은 영토를 잃었고, 결국 멸망의 길로 들어서고 말았다.

　우리 역사에서 고구려의 옛 땅인 만주를 잃고 고구려를 잃은 것은 가장 큰 손실이라고 할 수 있다. 그 모든 것은 연개소문이 사라짐으로써 모두 사라져 버렸다.

　고구려는 유일하게 중국에 조공을 바치지 않는 나라였다. 중국은 주변의 수많은 나라에서 조공을 받으면서 고구려도 굴복하기를 바랐지만, 고구려는 끝까지 고분고분하지 않았다. 특히 연개소문은 고구려의 자존심을 끝까지 지키려고 노력했다. 한때 을지문덕과 힘을 합쳐 수나라 대군을 물리쳤던 영류왕(고건무)은 백성을 피 흘리게 하는 전쟁보다는 새로 일어선 당나라와 화친 관계를 맺으려 했지만, 강경파는 당나라와 대등한 관계를 이루며 고구려의 독자성을 고수하자고 주장했다. 조정은 온건파가 득세를 했고, 강경파는 변경으로 밀려나거나 장성 축성 작업에 동원되어야 했다. 온건파는 강경파의 우두머리인 연개소문을 없애려 했고, 결국 연개소문은 왕을 비롯해 수많은 대신들을 모두 참살했다.

영류왕을 죽이고 보장왕을 옹위함으로써 일인 독재 체제를 구축한 연개소문은 자신이 주관해 오던 장성 축성 작업을 완결하고, 한편으로는 군사의 수를 대폭 늘려 당나라의 침입에 대비했다. 스스로 대막리지 자리에 오른 연개소문은 당나라에서 『도덕경』과 도사 8명을 받아들였다. 새로운 사상으로 민심을 모으고 당나라와의 외교 관계를 원활하게 하여 전쟁을 피하려는 목적이었다.

그러나 신라의 김춘추가 사신으로 찾아와 원병을 청했지만 거절하고, 뒤이어 당나라 태종이 사신을 보내 신라와 화해하라고 요구했지만 오히려 당나라 사신을 옥에 가두어 버렸다. 그러자 당 태종은 17만 대군을 이끌고 고구려를 공략했다. 개모성, 요동성, 백암성 등이 차례로 함락되었지만 안시성 싸움에서 양만춘이 60여 일간의 치열한 싸움 끝에 당나라군을 물리치고 고구려를 승리로 이끌었다. 그 뒤에도 네 차례에 걸쳐 당나라가 고구려를 공격했지만, 그때마다 연개소문의 활약으로 크게 물리칠 수 있었다.

그러나 모든 권력이 연개소문 한 사람에게 집중되어 있었기 때문에 그가 사라지면서 조정의 혼란이 불가피해졌다. 그리고 연개소문이 죽자마자 세 아들은 정권 다툼을 벌였고, 그것은 곧 조정의 내분으로 이어졌다.

연개소문의 뒤를 이어 막리지 지위에 오른 큰아들, 남생은 고구려 지리에 누구보다 밝았다. 그런 남생이 당나라군의 안내자가 되어 고구려를 침략했으며, 고구려 지리에 익

숙한 남생을 안내자로 둔 당나라 군대는 거침없이 고구려를 짓밟았고, 마침내 고구려는 멸망의 길을 걷게 되었다.

고구려 멸망의 직접적인 원인은 군사력이 약해서가 아니라 내부의 권력 다툼에 있었다. 연개소문의 독재 체제가 고구려를 멸망으로 이끌고 말았던 것이다.

대륙을 달려라!
연개소문

차

례

호랑이와 늑대의 싸움…12

침략을 할 것이냐! 침략을 당할 것이냐!…30

신라의 몸부림…51

연개소문의 반란…72

당나라와 손을 잡은 신라…87

당나라의 고구려 침략…102

하나로 뭉친 고구려…115

승리한 고구려, 패배한 당나라…139

백제의 멸망과 위험에 빠진 고구려…147

연개소문의 죽음과 고구려의 멸망…156

대륙을 달려라!
─연개소문─
당나라 대군을 물리친 고구려의 마지막 장수

(?~666)

다른 이름은 천개소문

연개소문의 집안은 할아버지, 아버지가 모두 고구려의 최고 벼슬인 막리지를 지냈다. 어려서부터 성격이 활달하고 큰 뜻을 품었던 연개소문은 15살 때에 아버지의 뒤를 이어 동부대인 대대로가 되었다. 그리고 642년, 당나라의 침입에 대비하여 만주의 부여성에서부터 발해만(동해)에 이르는 천리장성을 쌓았다.

천리장성을 쌓은 뒤에 세력을 크게 키웠고, 연개소문을 죽이려던 영류왕과 대신들을 모두 없앴다. 영류왕의 뒤를 이어 보장왕을 왕의 자리에 앉힌 뒤, 최고 벼슬인 대막리지가 되어 권력을 손에 쥐었다. 644년, 당나라 태종이 17만 대군을 이끌고 쳐들어와 개모성(중국 요하 유역의 선양 남동에 있던 고구려의 옛 성), 요동성(중국 둥베이에 있는 고구려의 옛 성) 등이 함락되고 말았지만, 안시성(삼국 시대에 고구려와 당나라의 경계에 있던 산성) 싸움에서 양만춘이 60여 일간의 치열한 싸움 끝에 당나라 군사를 크게 물리침으로써 고구려의 승리로 끝이 났다. 그 후에도 당나라는 네 차례에 걸쳐 고구려에 쳐들어왔으나 연개소문이 모두 막아 내어 고구려의 기상을 크게 떨쳤다.

호랑이와 늑대의 싸움

연개소문은 고구려의 연태조 아들로 태어났다. 할아버지, 아버지 모두 고구려의 최고 벼슬인 막리지(고구려의 최고 관직)를 지냈다.

'강화 삼다' 라는 말이 있다. 강화도에는 세 가지가 유명하다는 뜻이 담겨 있는 말이다.

'역사가 깊고, 인물이 많고, 글이 뛰어나다.'

마니산이 있어서 영험하고, 고려산이 있어서 기개가 높다고 한다. 연개소문은 그 강화도의 고려산 부근에서 태어났다.

연태조는 연개소문이 어렸을 때부터 사냥에 데리고 다녔다. 고구려의 청소년들은 혹독한 추위를 이용해 강인한 체력을 길렀다. 사방이 꽁꽁 얼어붙는 추위 속에서 활을 쏘고 말을 타며 무예를 익혔다. 어린 연개소문도 어린 시절부터 사냥을 하며 무예 실력을 쌓았다.

연개소문은 주로 능선인 치마대와 오정*(다섯 개의 우물) 근처에서 무예를 닦았다.

연개소문은 집터에서 고려산 정상까지 단숨에 올라 치마대를 달리면서 무술을 익혔다.

연개소문은 몸집이 크고 힘이 장사였다. 어린 나이인데도 불구하고 누군가와 결투를 할 때면 순식간에 뛰어들어 양손과 무릎으로 상대방의 급소를 찔렀다.

"연개소문은 맨손으로 바위를 깰 수 있을 만큼 힘이 세다."

"다섯 자루의 검을 한꺼번에 휘두를 때에는 제아무리 강한 상대도 벌벌 떨어."

고려산 정상에 다다르면 바로 다섯 개의 우물이 나온다. 연개소문이 무예를 닦았다는 오정은 삼별초(고려 무신 정권 때의 특수 군대)에 혼쭐이 난 몽골인들이 고려와 원나라가 강화를 맺은 다음에 쇳물을 부어 물줄기를 막았다고 한다. 몽골인들은 고려에서 태어나 당 태종을 끝까지 물리친 연개소문의 기개가 두려워, 산의 정기를 끊어 위대한 장수가 다시 태어나는 것을 막았던 것이다.

사람들은 남다르게 무예 실력이 뛰어나고 힘이 장사인 연개소문을 은근히 두려워했다.

"나한테 잘못한 일이 있으면 누구든지 당연히 벌을 받아야 한다!"

연개소문은 말을 듣지 않는 사람에게는 호되게 벌을 내렸다. 어른 아이 할 것 없이 연개소문을 무서워하며 벌벌 떨었다. 더러는 연개소문을 미워하기도 했지만 드러내 놓고 불평을 하지는 못했다.

대성산성 남문
대성산성은 고구려가 평양으로 도읍을 옮긴 직후에 건설되었다. 최근에 고구려 건축 양식으로 다시 복원한 모습이다.

"힘이 센 것을 자랑하면 너를 경계하는 적이 많이 생긴다. 멀리 있는 적보다 가까이 있는 적이 너를 더 힘들게 할 수 있다."

연태조는 성격이 불같이 강한 아들을 염려했다.

연개소문의 집안은 고구려에서 가장 권력이 센 집안 중 하나였다. 그런 데다 2대째 고구려의 최고 관직인 막리지 벼슬을 지내고 있었다. 그런 탓에 연개소문은 어려서부터 허리 한 번 굽히는 일 없이 호령하면서 자랐다.

"적이 있으면 힘으로 그 적을 물리치면 될 것 아닌가? 강한 힘으로 이기지 못할 것이 뭐가 있단 말인가."

연개소문은 항상 자신만만했다.

연개소문이 태어나기 전, 수나라의 양견(문제)과 양광(양제)이 무려 네 차례에 걸쳐 대군을 동원하여 고구려를 공격했지만, 고구려의 수성 전략에 말려 번번이 패하고 말았다. 결국 수나라의 경제는 네 차례의 고구려 공격으로 인해 피폐해질 대로 피폐해졌고, 곳곳에서 반란이 잇따라 일어났다.

611년에 일어난 왕박의 농민 반란 이후 613년에는 양현감이 10만 대군을 이끌고 반란을 일으켰고, 농민군은 점차 세력을 확대해 617년에는 와강채(지금의 하남성 골현)를 점령하기에 이르렀다. 그리고 617년에는 이연(당 고조)이 세력을 형성하여 반란군에 합세해, 결국 618년에 수 양제는 강도에서 피살되었다. 이로서 수 왕조가 몰락하고 당나라가 일어섰다. 영류왕이 영양왕의 뒤를 이어 고구려 제27대 보위에 오른 것도 그 해였다.

당나라를 일으킨 이연은 황하 동쪽의 태원 귀족이었으며, 수나라 말기에는 태원의 유수로 있었다.

"이제 당나라가 일어났으니 꾸준히 세력을 확대하여, 각지에서 할거하고 있는 군벌들을 제거하고 통일 작업을 지속할 것이다!"

당 고조는 그동안 전쟁으로 시달린 백성을 위로하며 통일 작업을 지속하고, 밖으로는 고구려에 사신을 보내어 화친을 제의했다.

당나라의 건국으로 가장 위안을 받은 나라는 신라였다.

"앞으로 백제와 고구려는 당나라를 의식하여 한동안 우리 신라를 공격하지 못할 것이다."

신라의 진평왕(제26대)은 서둘러 당나라에 사신을 보내어 조공을 하고, 국교를 맺었다.

"우리 신라는 당연히 당나라 조정에 들어가 조회를 해야 함에도 불구하고 고구려가 길을 막고 있어 책임을 다하지 못하고 있습니다. 또한 고구려는 신라 땅을 자주 침략하고 있으니 고구려를 막아 주시기 바랍니다."

진평왕의 요청을 받은 당 고조는 고구려에 즉시 주자사를 보냈다.

"고구려는 더 이상 신라를 공격하지 말라. 그리고 신라, 백제와 화친을 맺고 평화롭게 지내도록 하라."

영류왕은 당 고조의 권고를 받아들였다.

"우리 고구려는 앞으로 신라와 백제에 대한 공격을 자제

할 것이다!"

그렇게 해서 당 고조는 고구려, 백제, 신라에 대한 외교적 우위를 확보하고 종주국 행세를 하게 되었다.

"고구려는 다독여 놨으니 우리는 마지막 남은 군벌 세력을 제거하고 통일 작업을 완수한 뒤에 돌궐을 공격할 것이다!"

당 고조는 돌궐에 군사를 보내어 돌궐족의 우두머리인 할리극한을 사로잡아 왔다. 당나라는 수나라에 이어 더욱 강력한 대국으로 떠오르고 있었던 것이다.

그럴수록 영류왕은 당나라와 마찰을 피하고 동맹 관계를 유지하려고 애썼다.

"그동안 우리 고구려는 수나라와 싸우느라 많은 괴로움을 겪었다. 이제부터 중원에 새로 들어선 당나라와는 충돌을 피하고 친선 관계를 유지할 것이니, 고구려의 모든 백성은 과인의 뜻에 따르도록 하라!"

하지만 대막리지로 있던 연태조를 비롯한 강경파들은 당

나라를 전혀 믿지 않았다.

"과연 당나라가 고구려를 침략하겠다는 생각을 버렸을까?"

"당나라는 수나라를 이은 나라다. 수나라 땅은 곧 당나라 땅이고 수나라 백성이 곧 당나라 백성이 되었다. 당나라는 수나라의 원수를 갚기 위해서라도 고구려를 다시 공격할 것이다."

"앉아서 당나라에 당하자는 것이냐! 당하지 않으려면 힘을 길러야 한다!"

강경파의 우두머리는 막리지를 맡고 있던 연태조였다.

연태조는 장차 자신의 뒤를 이어 갈 연개소문에게 고구려 역사에 대해 많은 공부를 하도록 하고, 당나라와 맞설 준비를 시켰다.

"역사적으로 우리 고구려에서 가장 뛰어난 재상은 을파소다. 그분은 고국천왕 때에 압록곡 좌물 마을에서 살았는데, 안류라는 재상의 추천으로 벼슬에 올랐단다. 그분은

가난한 농민들에게 곡식을 꾸어 주는 제도를 마련했는데, 그것이 진대법이었다."

"을파소가 마련한 진대법으로 많은 사람이 구제되었다고 들었습니다."

"그렇지. 그분 덕분에 고구려는 태평성대를 맞았고 힘을 크게 떨칠 수 있었단다. 또한 유유 장군은 동천왕(제11대) 때의 무신인데, 그때 위나라 관구검이 대군을 이끌고 고구려를 침략해서 환도성을 빼앗았단다. 결국 왕은 남옥저로 피난을 했지. 나라가 위기에 빠지자 유유 장군은 항복하는 척하며 혼자서 적진으로 들어가 적의 대장을 만났단다. 그리고 예물로 가져간 상자 속에 감춰 둔 칼을 꺼내어 적장을 죽이고 자신도 그 자리에서 자결했지. 그래서 우리 고구려군은 적장을 잃고 갈팡질팡하는 위나라 군사를 몰아내고 전쟁을 승리로 이끌 수 있었단다."

"그 많은 대군이 고구려를 침략했다면 고구려는 영원히 역사 속에서 사라졌을 것입니다."

"그래, 유유 장군 혼자 힘으로 고구려를 살려 낸 셈이다. 동천왕은 가까스로 죽음을 모면하고 다시 도성으로 들어올 수 있었단다. 나라의 힘을 기르지 않으면

검은 토기
서울 암사동에서 출토된 토기. 색은 회흑색으로 표면이 고르고, 일부가 파손되었지만 전체적으로 균형이 잡힌 토기다.(국립중앙박물관 소장)

그런 치욕을 언젠가는 다시 겪어야 할 것이야."

"을지문덕 장군도 위장 항복을 하고 홀로 수나라 진영에 들어가서 수군 진영을 살피고 돌아와, 전략을 세워 수나라 대군을 섬멸했습니다. 유유 장군과 을지문덕 장군이 적의 진영을 찾아가 동태를 파악하고 돌아왔던 것처럼 저도 당나라로 들어가 나라를 구할 방법을 찾아보겠습니다."

"그렇게 하는 것이 좋겠구나. 네 눈으로 당나라를 정확히 파악하고 돌아오도록 해라."

연태조는 연개소문을 몰래 당나라로 들여보내어 당나라

의 모든 상황을 자세히 파악하도록 했다.

당나라를 여러 번 정탐하고 돌아왔던 연개소문에 대한 전설
한 가지가 있다.

연국혜라는 한 재상이 있었다. 재상은 나이 쉰이 넘도록 자
식이 없다가 갓 쉰 살 되던 해에 아들을 낳았다. 재상은 아들
의 이름을 갓쉰둥이라고 지었다. 갓쉰둥이가 일곱 살 되던
해에 지나가던 도사가 혀를 끌끌 찼다.

"아깝다, 아까워. 이 아이는 자라면 부귀와 공명이 하늘에 닿
을 테지만 수명이 짧아서 그때를 기다릴 수가 없구나."

재상은 귀한 자식이 일찍 죽을지도 모른다는 말에 놀라 갓쉰
둥이를 멀리 보내기로 했다. 훗날 찾을 수 있게 하기 위해 먹
실로 등에다 '갓쉰둥' 이라는 이름을 새겨 놓았다.

학석동에 유장자라는 사람이 사는데, 하루는 황룡이 앞 냇가
를 날아가는 꿈을 꾸었다.

"기이한 꿈이로구나."

유장자는 이른 새벽에 냇가로 나갔다가 울고 있는 아이 한 명을 발견했다.

"어쩌다가 버림을 받았느냐?"

유장자는 갓쉰둥이를 데려다 길렀다. 그러나 글을 약간 가르쳤을 뿐 종으로 부렸다.

하루는 갓쉰둥이가 나무를 하러 산에 올라갔는데 한 노인이 퉁소를 불고 있었다.

"네가 갓쉰둥이냐? 아무리 하늘이 너를 보냈다 한들 배우지 아니하고 어찌 큰 공을 세우겠느냐?"

노인은 그날 이후 갓쉰둥이에게 검술, 병서, 천문, 지리 등을 가르쳤다. 그런데 공부를 끝내고 집에 돌아갈 무렵이면 갓쉰둥이가 지고 온 지게에 나무가 가득 얹혀 있고는 했다. 갓쉰둥이는 종일 노인에게서 공부를 배우고, 저녁때면 나무를 한 짐 짊어지고 집으로 돌아오고는 했다.

유장자는 딸을 셋 두고 있었다. 갓쉰둥이가 열다섯 살이 되던 해, 장자의 세 딸이 꽃 구경을 가고 싶다고 했다.

큰딸 방 앞에서 갓쉰둥이가 말했다.

"아가씨, 말을 대령했습니다."

그러자 큰딸이 놀라 말했다.

"아이고, 맨땅에 발을 디디고 말에 오르란 말이냐?"

그 말에 갓쉰둥이는 허리를 굽혀 큰딸이 등을 밟고 말에 오를 수 있게 해 주었다. 둘째 딸도 마찬가지였다.

"막내딸도 두 언니와 마찬가지로 나를 함부로 대하겠지."

이렇게 생각한 갓쉰둥이는 막내딸 방 앞에서 허리를 굽히고 기다렸다.

"아가씨, 어서 제 등을 밟고 말에 오르십시오."

그러자 막내딸이 놀라 말했다.

"갓쉰둥아, 이게 무슨 짓이냐?"

"갓쉰둥이 등이야 아가씨들을 위해 만들어진 물건이 아니겠습니까? 이 등으로 나무를 져다가 방을 데우고 밥을 하고, 이 등으로 곡식을 짊어져다가 배를 불리고, 아가씨들이 갓쉰둥이 등을 자리로 쓰시고, 아가씨들이 걷고 싶으면 갓쉰둥이 등을 다리로 삼으시고……."

"그만두어라. 사람의 발로 사람의 등을 밟다니, 어서 일어나
거라."

막내딸은 갓쉰둥이를 일으켰다. 그러자 갓쉰둥이가 중얼거
리듯이 말했다.

"나도 어렴풋이 어린 시절에는 좋은 집에서 좋은 옷 입고 좋
은 밥 먹으며 살았던 것 같은데. 그때만 해도 아가씨와 결혼
할 만한 처지였는데……."

그동안 갓쉰둥이를 남모르게 마음에 두고 있었던 막내딸이
말했다.

"나는 귀인의 아내 되기를 바라지 않는다. 씩씩하고 용감한
사람의 아내가 되기를 바란다. 네가 씩씩한 남자라면 비록
귀한 집 자식은 아니지만 네 아내가 될 수 있다."

막내딸의 말에 갓쉰둥이가 용기를 내어 말했다.

"달딸국은 우리 나라를 자주 침범하여 백성을 괴롭히는데,
우리는 다만 달딸국의 군사들을 물리칠 뿐이오. 나는 반드시

달딸국을 공격할 것이오!"

"달딸국을 공격하려면 그 나라로 들어가 산천을 두루 살펴보아야 할 것이다. 네가 훗날 달딸국을 공격하여 승리한다면 네 아내가 못 되면 네 종이라도 되어 백년을 모실 것이다."

막내딸은 갓쉰둥이가 달딸국으로 들어갈 수 있도록 금가락지와 은그릇 등을 몰래 챙겨 주었다.

달딸국에 잠입한 갓쉰둥이는 달딸국 왕의 궁궐로 들어가 종이 되었다.

그 나라 사정을 속속들이 정탐하려는 것이었다. 그러나 달딸국 왕의 둘째 왕자가 그 사실을 눈치 채고 말았다.

"감히 네 놈이 우리 나라를 넘보다니, 용서하지 않겠다!"

둘째 왕자는 갓쉰둥이를 감옥에 가두었다.

그리고 며칠 뒤에 달딸국 왕은 둘째 왕자와 사냥을 떠났다.

두 사람이 사냥을 떠난 뒤에 갓쉰둥이는 감옥 밖에 매달린 새장 문을 열어 사냥매를 날려 보냈다.

"어찌하여 아버지와 오빠가 아끼는 사냥매를 네 마음대로 놓아주는 것이냐?"

달딸국 왕의 딸인 공주가 놀라 물었다.

"저 매나 내 신세나 똑같이 갇힌 몸이니, 내 신세를 생각해 가엾은 매를 놓아준 것이오."

이 말에 공주는 갓쉰둥이를 가엾게 여겼다.

"너는 우리 달딸국을 침략하기 위해 염탐하러 왔으니 당연히 벌을 받아야 하는 게 아니냐?"

"하늘이 나를 시켜 달딸국을 멸망시키려 한다면 공주 오라버니가 나를 죽이려 해도 죽지 않을 것이고, 또 반드시 달딸국을 멸망시키려 한다면 나를 죽일지라도 나 같은 사람이 또 나올 것이오. 이렇듯 옥에 갇힌 내가 무슨 재주로 달딸국을 멸망시킬 수 있단 말이오."

"듣고 보니 그렇구나. 내일 아버지와 오라버니가 돌아오면 너를 풀어주라고 부탁해 보마."

그러자 갓쉰둥이는 시무룩하게 말했다.

"공주님, 애쓰지 마십시오. 저같이 천한 놈 하나 죽는다고 뭐

27

가 달라지겠습니까. 부처님이었다면 사람 목숨을 구하면서 아버지와 오라버니에게 먼저 묻지는 않았을 것입니다."

이 말에 마음이 약해진 공주는 갓쉰둥이를 풀어 주었다.

"꼭 나를 기억해라. 네가 잘되거든 반드시 나를 찾아와야 한다. 그래서 나를 네 아내로 맞이해야 한다."

"공주님이 저를 잊을지언정 제가 어찌 공주님을 잊겠습니까?"

갓쉰둥이는 공주를 안심시킨 뒤에 걸음아 날 살려라 도망을 쳤다.

그런데 이튿날 사냥에서 돌아온 달딸국 왕과 둘째 왕자는 공주가 갓쉰둥이를 놓아준 것을 알고 불같이 화를 냈다.

"나라를 그놈 손에 넘겨주고 싶었단 말이냐?"

둘째 왕자는 칼을 빼내어 공주의 목을 쳤다.

갓쉰둥이는 풀뿌리를 캐어 먹으면서 달딸국의 사정을 낱낱이 살핀 후에 귀국하였다. 그리고 친아버지를 찾아내고 유장자의 막내딸과 결혼한 뒤에 달딸국을 공격하여 토벌하였다.

저수 시설
아차산 보루에서 발견된 저수 시설. 전투를 할 때에 장기전을 펼쳐야 할 경우에는 꼭 필요한
물을 확보하기 위해 만들었다.

전설에 나오는 갓쉰둥이는 연개소문이고, 연국혜는 연개소
문의 아버지인 연태조며, 달딸국의 왕은 당 고조, 왕자는 곧
당 고조의 둘째 아들인 태종을 뜻한다. 실제로 당 태종은 누이
동생 때문에 연개소문을 살려 보낸 것을 두고두고 분해 했다고
한다.

침략을 할 것이냐! 침략을 당할 것이냐!

당나라가 차츰 안정을 되찾아 갈수록 강경파는 당나라를 견제해야 된다고 주장했지만, 영류왕은 뜻을 굽히지 않고 당 고조에게 사신을 보내어 선물을 바치며 친당 정책을 표명했다. 그러자 참다못한 강경파들이 들고일어났다.

"고구려가 제일 먼저 손에 넣어야 할 땅은 백제나 신라가 아닙니다. 예전에 신라와 백제가 손을 잡고 고구려 땅을 침략했지만, 이제는 신라와 백제가 서로 원수처럼 지내고 있습니다. 신라와 동맹을 맺어 백제를 막고, 백제와 동맹을 맺어 신라를 막는다면 남쪽은 걱정할 필요가 없습니다. 수 양제가 끌고 온 수나라 군을 격파했을 때에 그 힘을 밀고 나가 중국을 토벌해야 했는데, 고구려는 하늘이 내린 기회를 놓쳤습니다. 지금 당나라는 수나라를 무너뜨린 이연의 아들들 사이가 화목하지 못해 나라가 어수선하여 반드시 내분이 일어날 것입니다. 아직 당나라는 고구려에 패한 후유증이 다 치유되지 않은 상태라 전쟁을 할 힘이 없으니, 이 또한 하늘이 준 두 번째 기회입니다."

강경파들은 당나라가 힘을 기르기 전에 서둘러 공격하지 않으면 먼 훗날 큰 피해를 입을 것이라고 주장했지만, 영류왕은 생각이 달랐다.

"수나라와 16년 동안 전쟁을 치르면서 고구려는 많은 피해를 입었다. 수많은 군사들이 희생되었고, 나라 안의 국고도 텅 비었다. 지금 우리가 가장 먼저 할 일은 국내 문제 해결을 최우선으로 하고, 당나라와 전투를 할 수 있는 힘이 생길 때까지는 화해에 몰두해야 하는 것이다."

이렇게 강경파와 온건파가 대립하고 있는 동안 622년, 당나라에서 고구려에 제안 한 가지를 해 왔다.

"수나라 포로들을 돌려보내라. 그리고 들판에 뒹굴고 있는 수나라 군사들의 유골을 모아 달라. 대신 당에 잡혀 있는 수많은 고구려 백성과 벼슬아치들을 돌려보내 주겠다.”

영류왕은 이 제안을 흔쾌히 받아들였다.

“수나라 포로를 찾아내어 돌려보내라! 또한 널려 있는 유골들을 모두 모아라!”

622년에 당나라와 고구려는 전쟁에서 붙잡힌 포로들을 교환하기에 이르렀다. 포로 교환 협상의 결과로 양쪽에 붙잡혀 있던 2만의 포로가 고향으로 돌아갈 수 있게 되었다.

“수나라 군사의 유골도 한데 모아 보내도록 하라!”

고구려는 널려 있던 수나라 군사의 유골을 한데 모았다. 고구려와 중국 사이에 이뤄진 최초의 포로 교환이었고, 적군의 유골을 거둬들인 첫 사례였다.

“당나라에서 유행하고 있는 도교를 도입하도록 할 것이다. 또한 불경과 노자의 교리를 받아들여 당나라와 긴밀한 관계를 유지하겠다!”

영류왕의 노력으로 고구려와 당나라 사이에 문화적 교류

고구려 시대 기와
고구려는 삼국 중 가장 먼저 기와를 제작, 사용했다. 고구려 기와는 선이 굵고 양감이 강한 것이 특징이다.(국립중앙박물관 소장)

가 활발해졌다. 덕분에 중국과 고구려는 오랜만에 평화를 유지할 수 있었다.

그런데 그 무렵에 당나라에서는 내분의 조짐이 보이고 있었다. 당 고조에게는 여러 아들이 있었는데, 태자 책봉 문제로 조정이 양분되어 몹시 시끄러웠다.

그러자 당나라를 공격하자는 강경파들의 목소리가 다시 높아졌다.

"중국의 혼란을 이용하여 영토를 확장해야 합니다. 가만히 앉아 있다가는 또다시 당나라의 침탈을 받게 될 것입니다."

"더 늦기 전에 영토 확장 전쟁을 벌여 당나라를 눌러야 할 것입니다!"

하지만 영류왕은 강경파의 영토 확장론을 일축했다.

"우리 고구려 백성은 수나라의 네 차례 침략을 겪으면서 너무 많은 피눈물을 흘렸소. 나는 을지문덕 장군과 함께 수나라 군사들과 맞서면서, 나라를 잘 이끌려면 무모한 전쟁은 가능한 한 피하고 평화적인 방법으로 나라를 이끌어야 한다는 것을 확실히 배웠소. 또한 지금 우리 고구려는 당나라만을 걱정할 때가 아니오. 한반도 쪽 변방에서 신라와 백제가 침략의 기회를 노리고 있는 상황인데 중국 쪽과 전쟁을 치른다는 것은 위험천만한 일이오. 다시 그런 말을 꺼내는 자는 고구려의 평화를 깨고 나라를 위험에 빠뜨리려 하는 자니 결코 용서하지 않을 것이오!"

고구려 조정이 시끄러운 그 사이에 당나라는 한바탕 소용돌이에 휩싸이고 있었다. 당 고조에게는 아들이 여러 명 있었다. 그 중에서도 당의 건립과 통일 작업에 가장 많은 공을 세운 아들은 둘째 아들인 이세민(태종)이었다.

"장자인 이건성을 태자로 앉힌다!"

당 고조가 첫째 아들을 태자로 임명하자 이세민은 그 결정에 대해 크게 불만을 품었다.

"당 왕조를 세운 데는 내 공이 누구보다 컸다. 그런데 어째서 태자 자리가 허수아비 같은 형한테 넘어간단 말이냐."

결국 이세민은 태자를 폐하고 자신을 태자로 삼을 것을 강력하게 요청했다.

"이미 결정한 일이다. 건성을 태자에서 폐하는 일은 결코 없을 것이다!"

당 고조는 이세민의 요청을 받아들이지 않았다. 그리고 이세민을 경계하기 위해 여러 가지 방책을 마련했다.

"까딱 잘못하다가는 황제 자리는 고사하고 내 목숨줄이 끊어질 위험에 처하겠구나. 내가 죽든가 황제 자리를 차지하든가 둘 중 하나다!"

626년 6월, 이세민은 심복들을 궁정 옆의 호숫가에 몰래 잠입시켰다.

"태자를 무조건 살해해라!"

결국 태자는 그 자리에서 살해되고, 이세민은 곧바로 당 고조를 찾아가 선위 형식을 통해 왕위를 물려줄 것을 요구했다.

"아직도 황제 자리를 이어갈 아들이 누군지 모르시겠습니까? 궁정 안에 더 많은 피를 흘리게 해서는 안 될 일입니다. 선위 형식을 통해 왕위를 물려주십시오."

생명의 위협을 느낀 당 고조는 3일 후에 황제 자리를 이세민에게 넘겨주고 자신은 태상황으로 물러앉았다. 그때 이세민(당 태종)의 나이는 28세였다.

당 태종이 황제로 즉위하자 영류왕은 바짝 긴장하며 경계를 강화했다.

"이세민은 참으로 야심만만한 사람이다. 그 젊은 나이에 황제 자리를 차지하기 위해 물불을 가리지 않을 정도였으니 우리 고구려도 가만두지 않을 것이 분명하다. 지금 신라와 백제까지 당나라와 화친 관계를 맺고 우리 고구려를 견제하고 있으니, 우리가 살길은 당나라와 긴밀한 관계를 유지하는 것이다."

고구려만이 아니라 주변국들은 야심만만한 이세민을 염려하며 앞다투어 조공을 보내고, 당나라와 관계를 개선하려 노력했다. 고구려를 비롯한 신라, 백제 모두 당과 화친 관계를 맺었다.

"이제 짐이 황제가 되었으니 당장 영토 확장 작업에 박차를 가하는 한편, 주변국을 압박하여 외교적 우위를 확보할 것이다. 어떤 나라도 우리 당나라를 그냥 지나칠 수 없다!"

당 태종은 고구려와 돌궐이 가장 신경 쓰였다.

"천하가 모두 무릎을 꿇고 우리 당나라에 굴복하고 있지만 고구려와 돌궐은 아직도 고개를 숙이지 않고 있다. 고구려를 섣불리 건드릴 수는 없다. 수 양제는 고구려를 치다가 100만 대군을 잃고 나라까지 잃고 말았다. 먼저 고구려를 회유하고 돌궐을 공격할 것이다."

돌궐은 몽고 고원에 세운 투르크족의 나라였다. 그들은 중앙아시아에 원정을 할 만큼 세력이 강했고, 당나라의 복속 요구에 응하지 않았다.

628년, 당나라가 어느 정도 평정을 되찾자 영류왕은 축하한다며, 고구려의 영역 표시가 정확하게 그려진 봉역도를 당에 보내기로 했다.

"영역을 확실하게 표시한 봉역도를 당에 보내는 것은 더 이상 영역 싸움을 벌이지 않겠다는 뜻이다."

영류왕의 결정에 강경파는 크게 반발했다.

"봉역도는 고구려의 산천을 한눈에 볼 수 있는 일급 비밀 지도인데 그걸 당나라로 보내다니, 참으로 위험천만한 일입니다!"

"전통적으로 고구려는 험준한 산악 지대를 거점으로 중국과 싸워 이겼고, 중국도 그 사실을 가장 두려워하는데 봉역도를 보낸다는 것입니까?"

"이는 당나라에 고구려를 침투할 수 있는 지름길을 알려 주는 것과 다를 바가 없습니다!"

"봉역도는 군사 기밀 중에서도 가장 중요한 기밀입니다. 비록 지금은 사이가 좋은 나라라도 언젠가는 적국이 될 수 있습니다. 적을 막을 요새와 산과 강의 위치, 성과 마을의 위치를 한 치의 틀림도 없이 그린 지도를 당나라에 준다면 당나라는 언젠가는 그 지도를 이용해 우리 고구려를 집어삼키려 할 것입니다!"

대신들의 반대에도 불구하고 영류왕은 봉역도를 당나라에 보낸다는 결정을 포기하지 않았다.

"그것은 지나친 걱정이오. 당나라와 화친을 지속하면서 지도를 선물하는 것은 우리가 마땅히 취해야 할 도리요."

조정은 영류왕을 지지하는 온건파 세력이 더 강했고, 결국 강경파의 반대에도 불구하고 고구려의 지도인 봉역도가 당나라에 전해졌다.

그 해에 당 태종은 마지막 남은 군벌 세력을 제거하고 통일 작업을 완수했다. 그리고 서돌궐의 추장을 포로로 사로잡았다.

날로 힘이 강해지는 당나라를 가장 반긴 것은 신라였다. 주변의 모든 나라들이 당나라의 침입을 염려했지만, 신라

고구려 시대의 온돌 유구
아차산 제4 보루에 남아 있는 온돌 유구다. 아차산 보루는 남하한 고구려 군대가 머물렀던 기지로 추정되고 있다.

40

는 당나라 세력을 이용해 영토를 확장할 계획을 꾸몄다.

"당은 통일 작업을 끝냈으니 반드시 고구려를 침공할 것이다."

"고구려는 당나라의 위협을 막아 내느라 한반도 쪽 변경에 병력을 집중시킬 수 없을 것이다."

당나라의 팽창으로 고구려가 한반도 쪽에 눈을 돌리기 힘들게 되자, 신라의 진평왕은 김용춘과 김서현(김유신의 아버지)을 시켜 낭비성을 공격하게 했다.

"충성스러운 신라의 군사들이여! 우리는 고구려를 공격한다!"

"고구려의 낭비성을 함락하라!"

낭비성 전투는 신라의 승리로 끝났고, 신라의 젊은 장수인 김유신은 고구려 군사 5천 명을 죽이고, 포로를 천 명이나 끌고 갔다.

신라군의 공격으로 낭비성이 함락되었는데도 고구려는 적극적인 공략에 나서지 못했다.

"군사를 낭비성에 집중시키면 그 틈을 타고 당나라가 공격해 올 위험이 있으니, 전면적인 공격은 피하고 반격을 가하는 정도로 신라군을 막아 내도록 하라!"

그러나 그 전쟁으로 피해를 입은 것은 고구려만이 아니었다. 신라는 그동안 끊임없이 벌인 전쟁으로 인해 나라가 크게 피폐해져 있었고, 유랑민이 늘고 농토가 줄어들어 굶어 죽는 백성이 많았다.

"신라에서는 심지어 자식을 팔아먹는 부모까지 있다고 한다. 그만큼 정치적으로 불안정할 때일수록 당나라에 더 많이 의존하려고 할 것이다. 당나라는 불안정한 신라를 더욱 쉽게 손아귀에 넣을 수 있고, 언젠가는 신라를 이용해 우리 고구려를 공격할 위험성이 크다!"

고구려의 강경파들은 신라의 동태를 불안하게 지켜보았다. 그리고 그 짐작대로 신라는 국정이 한층 더 어려워지자 당에 더욱 의존하게 되었다.

"절세의 미인 두 명을 당 태종에게 선물로 바치도록 하라!"

신라의 진평왕은 미인 두 명을 당 태종에게 보냈다. 그러나 당 태종은 책사인 위징이 신라 여인들을 받아들이지 말라고 하자, 두 여자를 신라로 되돌려 보냈다.

"신라 이놈들! 이제는 당나라의 환심을 사기 위해 제 나라 여자들까지 바치며 색공 외교를 펼치고 있다니!"

신라가 당나라의 환심을 사기 위해 노력하는 동안, 고구려에서는 천리장성 축성 계획을 세워 두었다. 장성 축성 계획에 앞장선 사람은 연태조였다.

"우리 고구려는 오랫동안 평화를 유지하며 나라 살림이 많이 나아졌습니다. 이럴 때일수록 국방을 튼튼히 해서 적의 침입에 대비해야 할 것입니다. 당나라와의 경계에 성을 쌓아 만일의 사태에 대비하게 하십시오."

그동안 연태조는 연개소문과 함께, 부여성에서 당나라와의 국경선을 따라 바다에 이르는 천리 길을 직접 돌아다니며 성을 쌓을 자리를 정해 놓았던 것이다.

"과인이 당나라와 평화를 도모하려는 이때에 굳이 장성을 쌓아 오해를 살 필요가 있겠소?"

영류왕은 여전히 당나라를 걱정했다.

"성을 쌓는 것은 국가의 먼 앞날을 위해서 꼭 필요한 일입니다. 평화는 언제 깨질지 모르는 일입니다. 국경 너머에는 무시무시한 힘을 지닌 당나라가 버티고 있습니다. 지금 서둘러 성을 쌓는다면, 그 성이 우리 고구려의 안정을 지켜 줄 것입니다."

결국 연태조의 주장대로 천리장성을 쌓기로 결정되었다. 그러나 작업을 지휘하던 연태조는 축성 과정에서 사망하고 말았다.

"내 꿈을 펼치려면 아버지 뒤를 이어 막리지 자리에 올라야 한다."

그러나 막리지가 되는 일은 생각처럼 쉽지 않았다.

그 무렵 고구려는 다섯 부족으로 이루어져 있었다. 그 다섯 부족의 대표들이 승낙을 해야 막리지 자리에 오를 수 있었다.

"연개소문은 막리지에 오르기에는 아직 나이가 어립니다. 게다가 연개소문은 태도가 너무도 사나워 민심을 얻지 못하고 있으니, 어찌 그런 철부지에게 막리지를 맡긴단 말입니까?"

"연개소문은 제 힘만 믿고 오만불손할 뿐 아니라 어른을 공경할 줄 모르고, 부하들을 함부로 다룹니다. 말을 안 듣는 사람은 반드시 매로 다스리거나 심지어 목을 자르기도 합니다. 그렇게 불 같은 성격으로 나라를 다스린다면 반드시 말썽이 일 것입니다."

부족 대표들은 한결같이 연개소문을 반대했다.

어려서부터 남에게 아쉬운 소리를 할 필요가 없이 자란 연개소문은 부족 대표들에게 미움을 샀던 것이다.

연개소문의 용맹스러운 성격을 칭찬하는 부족 대표도 있었다.

"연개소문의 행동이 비록 거칠기는 하지만 용맹스러움

45

은 따를 자가 없고, 힘과 지혜 또한 놀라워서 나라에 무슨 일이 있으면 앞장서서 훌륭히 이끌어 갈 장수입니다. 그러니 연개소문을 불러다가 지금까지의 거친 행동을 타이르고, 다음부터는 다른 사람에게 인심을 잃는 행동은 삼가겠다는 다짐을 받은 후에 막리지 자리에 앉히는 것이 어떨는지요?"

그 부족 대표의 끈질긴 설득으로 부족 대표들은 연개소문을 한번 만나 보기로 결정했다.

연개소문은 많은 부하들을 이끌고 부족의 대표들을 찾아갔다.

커다란 몸집에 화려한 옷을 걸치고, 허리에 은띠를 두르고 왼쪽에는 숫돌을, 오른쪽

거푸집
놋쇠 칼을 만들 때에 사용하는 거푸집. 활석으로 만들었으며, 두 개가 합쳐져 일식(一式)이 된다. 경기도 용인군 초부리에서 출토되었다. 충청남도 부여군 송국리 집터에서는 부채 모양 도끼의 거푸집이 출토되어 일상 생활에서도 청동기가 직접 주조되었음을 알 수 있다.(국립중앙박물관 소장)

에는 칼 다섯 자루를 차고 걸어오는 연개소문의 모습은 몹시 당당했다.

"제가 아직 철이 없어서 눈에 거슬리는 행동을 자주 했습니다. 앞으로는 항상 행동을 조심하고, 약해진 고구려의 힘을 세상에서 가장 강하게 만들어 놓는 용맹한 장수가 되겠습니다."

연개소문은 부족 대표들 앞에서 공손히 허리를 굽혔다.

"만약 막리지 자리에 앉은 후에 제가 눈에 거슬리는 행동을 일삼아 백성의 원성을 사거나, 나라에 해가 되는 일을 하거든 자리를 도로 빼앗으십시오."

연개소문의 공손한 말에 부족 대표들의 마음이 흔들렸다.

"스스로 찾아와 잘못을 뉘우치고 고구려를 위해 일하겠다고 했으니, 연개소문을 막리지 자리에 앉히도록 합시다."

마침내 연개소문은 다섯 부족 대표들의 승낙을 받고 막리지 자리에 오를 수 있었다.

그렇지만 연개소문은 막리지 자리에 오른 뒤부터 더욱 거칠어지고 대담해졌다.

"약한 모습을 보이면 아무도 두려워하지 않게 된다. 지금 고구려는 누군가 강한 사람이 이끌지 않으면 우리보다 강한 나라 손아귀에 들어갈 수밖에 없다!"

연개소문은 부하들이 조금만 잘못해도 큰 벌을 내렸다. 원래 몸집이 큰 데다 행동마저 거칠었기 때문에 아이들은 연개소문만 보면 무서워서 울음을 터뜨렸다.

연개소문은 천리장성을 쌓는 일에 총력을 기울였다. 수많은 인부들이 동원되었고, 그러다 보니 백성의 불만도 높아질 수밖에 없었다.

"당장 전쟁이 일어날 것도 아닌데 왜 멀쩡한 일손을 끌고 와서 성을 쌓게 하는 거야!"

"젊은 사람을 모두 동원하면 누가 농사를 지으란 말이냐!"

불만이 많았지만 연개소문은 국경선을 쌓는 일에 총력을

기울였다.

"우리 고구려가 살길은 당나라 공격에 대비해 서둘러 성을 쌓는 것이다! 나라를 위해 성을 쌓는 일에 불만을 품는 자는 내 칼이 용서치 않을 것이다!"

천리장성은 631년 2월부터 시작되었고, 그 해에 당의 사신인 장손사가 고구려로 들어왔다.

"우리 수나라 전사자들의 유골을 수습해 위령제를 지낼 것이다!"

장손사는 요하를 건너 고구려 영토에 들어오자마자 요동 벌판 곳곳에서, 전쟁에서 죽은 수나라 병사들의 제사를 지냈다.

"왜 우리 고구려 영토에서 당나라 사신들이 제사를 지낸단 말이냐?"

"고구려 영토를 당나라 영토로 착각하고 있다니!"

고구려 백성은 장손사의 오만한 행동을 경계했다.

"당나라는 네 번이나 우리 고구려를 공격했으면서 미안

한 기색도 없이 이 땅을 제멋대로 휘젓고 다니다니!"

"당나라나 수나라나 다를 것이 없지."

그때까지 고구려에서는 경관(전사자들을 위한 합동 무덤)을 큼직하게 만들어 놓고 수나라 군사들의 유골을 모아 매년 제사를 지내고 있었다.

"비록 적이었지만 혼령을 위로하는 것은 산 자로서 죽은 자에 대한, 가장 중요한 도리다."

겉으로는 적군의 혼령을 위로한다는 것이었지만, 무덤을 크게 지어 놓고 제사까지 지내게 한 것은 승리를 과시하는 효과를 노린 것이었다. 그 기념탑은 고구려인들에게 강한 자부심을 심어 주고 있었다.

당연히 당나라에는 불쾌한 일일 수밖에 없었다. 사신으로 온 장손사는 경관을 당장 허물어 줄 것을 요구했다.

"당나라의 요구대로 경관을 허물도록 하라!"

영류왕은 별 거부감 없이 장손사의 요구를 들어주었다.

신라의 몸부림

고구려가 당나라를 경계하는 동안 신라는 계속 당나라에 조공을 바치며 고구려 변방을 공격했다.

신라 무왕은 637년 12월에 당 태종에게 철 갑옷과 조각한 도끼를 보냈다.

"신라에서 보내온 물건이 참으로 아름답구나. 그 아름다움에 반했으니 보답으로 비단 도포와 채색 비단 3천 단을 보내도록 하라!"

당 태종은 언젠가는 신라가 당나라에 큰 도움이 될 것임을 잘 알고 있었고, 그런 만큼 신라를 정중하게 대했다. 당 태종의 보답품을 받은 신라 무왕은 639년 10월에 다시 철 갑옷과 도끼를 보냈고, 그 이듬해에는 왕자들을 당나라 국학에 입학시켜 달라는 요청을 하기도 했다.

신라가 당나라와 긴밀한 관계를 유지하기 위해 노력하는 것을 지켜보던 고구려는 638년 10월, 군사를 동원해 신라의 북쪽 변경의 요지인 칠중성을 공격했다.

"고구려는 성문을 굳게 닫고 수성 작전을 쓸 때에만 승리를 한다! 고구려군이 성을 나와 싸울 때에는 수없이 참패를 했다! 화랑 정신으로 뭉쳐 있는 우리 신라군을 이길 적은 한 명도 없다! 모두 앞장서서 고구려군을 격퇴하라!"

신라의 장군인 알천*은 앞장서서 군사를 이끌며 고구려군과 맞섰다.

싸움은 1개월간 계속되었고, 고구려군은 신라군에 패하여 서둘러 퇴각하고 말았다.

고구려가 신라에 고전을 면치 못하고 있을 때, 당나라는 북쪽의 돌궐을 정복해 복종시키고 서쪽을 개척했다. 그 무

알천은 신라 제28대 진덕여왕 때의 대신이다. 647년에 상대등에 올라 7년간 재임하였으며, 화백 회의 의장을 맡았다. 654년에 진덕여왕이 죽은 후, 화백 회의에서 섭정왕으로 추대되었으나 김춘추에게 왕위를 양보하였다.

렵의 실크 로드*는 고창국(5~7세기에 동투르키스탄의 투루판 분지에 있던, 한[漢]나라 사람의 식민지 국가)이 차지하고 있어서 당나라가 서쪽으로 향하는 길을 방해하고 있었다.

당 태종은 고창국을 멸망시키고 실크 로드의 길을 확보하는 데 성공했다.

"이제 천하가 당나라의 힘 앞에 무릎을 꿇었다. 이제는 고구려다!"

돌궐과 고창국을 무너뜨리고 실크 로드의 길을 확보하는 데 성공한 당 태종은 서서히 야심을 드러내기 시작했다.

"장차 고구려의 대를 이어갈 태자를 입조시키도록 하라!"

당 태종은 고구려에 사신을 보내어 태자를 입조시키라고 요구했다. 그러자 고구려 조정은 강경파와 온건파의 대립

실크 로드는 내륙 아시아를 횡단하는 고대 동서 통상로로 비단길이라는 뜻이다. 동방에서 서방으로 간 대표적 상품이 중국산 비단이었던 데서 유래하는데, 서방으로부터도 보석·옥·직물 등의 산물이나 불교·이슬람교 등의 종교가 실크 로드를 거쳐 동아시아에 전해졌다.

으로 발칵 뒤집혔다.

"태자마마를 입조시키라니요! 말도 안 되는 요구에 응하시면 안 됩니다!"

"태자마마는 우리 고구려의 대를 이을 분입니다. 태자마마를 당나라에 입조시키는 것은 당나라의 속국이 되겠다는 약속이 됩니다!"

"더 이상은 당나라의 압력에 굴복하지 말고 당당하게 맞서야 합니다!"

"태자마마를 당나라 장안으로 보내지 마십시오!"

강경파들이 태자를 당나라에 입조시키는 데 강하게 반대하고 나섰지만 온건파는 생각이 달랐다.

"무슨 소리를 하는 것입니까? 태자마마가 당나라로 죽으러 가는 것입니까? 태자마마가 당나라에 입조하게 되면 당나라와 우리 고구려는 관계를 더욱 돈독하게 지속할 수 있습니다!"

"우리 고구려는 많은 영토를 잃고 지금은 나라의 힘이

붉은 간토기와 가지무늬 토기

청동기 시대에 이르면 빗살무늬가 없어지고, 토기 표면에 무늬가 없는 민무늬 토기가 등장한다. 민무늬 토기는 간단한 선무늬나 구멍무늬 등이 있으며, 토기 표면에 붉은색이나 검은색을 입힌 것도 있다.(국립중앙박물관 소장)

많이 약해졌습니다. 무모하게 당나라와 맞서기보다는 나라 살림을 좀더 강하게 할 기회가 필요합니다. 태자마마를 당나라에 입조하게 하여 당나라와 친분 관계를 더욱 돈독하게 하는 것만이 살길입니다!"

결국 영류왕은 온건파의 주장을 지지했다. 영류왕은 나라를 전쟁의 소용돌이에 또다시 휘말리게 하고 싶지 않았던 것이다.

"중원에는 인구 수가 우리 고구려에 비해 훨씬 더 많다. 그만큼 군사력을 동원하는 데 여러모로 유리하다. 우리 고구려가 백만이 넘는 수나라군을 막아 낼 수 있었던 것은 하늘의 도움이 컸다. 만일 또다시 그런 대군이 우리 고구려를 공격한다면 이번에도 이길 수 있다는 보장이 없다. 그리고 아직 전쟁의 후유증이 모두 사라지지 않았고, 백성은 전쟁이 없는 평화로운 나라에서 살고 싶어한다."

나라의 평화를 원했던 영류왕은 당 태종에게 서한을 띄워, 환권을 당나라 국학에 입학시켜 줄 것을 청원하기도 했다.

드디어 영류왕 23년(640년) 2월에 태자인 환권이 당나라 장안으로 들어갔고, 당나라는 고구려 태자의 예방에 대한 답례로 직방 낭중인 진대덕을 고구려에 보낸다는 서한을 보내왔다.

당 태종이 보내온 서한은 또 한 번 고구려 조정을 뒤집어 놓았다.

"진대덕은 낭중의 벼슬에 있는 자로 병법에 능하기로 소문이 났습니다. 또한 지리에 밝은 인물입니다. 그런 자를 입국시키는 것은 나라의 정보를 고스란히 넘겨주겠다는 뜻이 됩니다."

"진대덕을 입국시킬 경우에는 반드시 후회하는 날이 올 것입니다!"

"당 태종이 진대덕을 보내는 이유는 고구려의 지리를 파악해서 자신들의 침략을 용이하게 하기 위함입니다."

"신라는 여자까지 바치며 당나라의 앞잡이 노릇을 하겠다고 자청하고 있습니다. 예로부터 우리 고구려는 지형이 험악해 적이 쳐들어와도 함부로 성을 무너뜨리지 못했습니다. 또한 청야 작전과 수성 작전으로 적이 지치기를 기다리는 것이 우리 고구려의 전략인데, 당나라가 우리 지형을 모조리 파악하고 신라가 군량을 대어 주기라도 하는 날이면 참으로 위험에 빠질 것입니다!"

그러나 영류왕은 강경파의 주장을 묵살했다.

고구려 시대 귀면와
평양에서 출토된 고구려 시대의 기와, 양감이 풍부한 귀면와다.

"태자의 입조를 답례하는 뜻으로 들어오겠다는 사신을 어찌 막는단 말이오!"

결국 영류왕은 진대덕의 입국을 받아들였다. 그러자 진대덕은 또 다른 요구를 해 왔다.

"고구려 땅에 도착하거든 장안성으로 가는 도중에 여러 성읍을 구경할 수 있도록 허락해 주십시오. 예로부터 고구려는 산세가 뛰어났다고 알려진 나라이니 이 기회에 두루 구경할 기회를 주십시오."

영류왕은 그 청도 허락을 했고, 진대덕은 요수로부터 평양에 이르는 길목을 샅샅이 살펴 가며 고구려의 지리를 익혔다.

"각 성에 배치된 군사력까지 낱낱이 조사하도록 하라!"

진대덕이 치밀하게 고구려의 군사력까지 파악하고 돌아다녔지만, 고구려 조정에서는 진대덕을 막을 수가 없었다.

진대덕은 여러 곳을 돌아다니며 수나라로 돌아가지 않고 고구려에 살고 있는 포로들도 많이 만났다.

"고구려에서는 분명히 포로를 모두 돌려준다고 했는데 거짓말을 했구나!"

당나라와 고구려가 요하를 사이에 두고 포로 교환을 한 지 벌써 20년이 지나 있었지만, 당나라는 고구려가 포로를 다 돌려보내지 않았다는 트집을 잡으려 했던 것이다.

결국 진대덕은 1년 넘게 고구려에 머물며 고구려의 사정을 자세히 살피고 돌아갔다.

진대덕은 본국으로 돌아가 1년 동안 고구려에서 조사한 모든 자료를 자세히 보고했다.

"고구려는 평화에 젖어 전쟁 준비를 거의 안 하고 있습니다. 비록 연개소문이 천리장성을 축성하고 있지만 그 일

또한 백성의 불만이 높을 뿐 아니라, 영류왕을 비롯해 많은 대신들이 축성을 그만두기를 바라고 있습니다."

"이제 서서히 고구려를 공략할 때가 왔구나. 내가 대군을 이끌고 고구려의 요동을 먼저 공격하면 그들은 반드시 모든 국력을 기울여 요동을 지키려 할 것이다. 이때 수군을 동래로 보내어 바닷길로 해서 평양으로 진군한 뒤에 수군과 육군이 합류하면 고구려 점령은 시간문제다."

당 태종은 나라가 안정될 때만을 기다리며, 계속 고구려와 화해한 것처럼 위장을 하고 있었던 것이다.

"수나라가 고구려에 대패한 것은 참으로 분한 일이다. 수나라는 전쟁 준비를 철저하게 했지만, 결국 고구려의 청야 작전과 수성 작전에 말려 패하고 말았다. 왜 수나라가 패할 수밖에 없었는지를 더욱 면밀하게 연구해서 앞으로 고구려를 공격할 때에는 절대 실패하지 않을 것이다!"

"그러나 당장 전쟁을 일으켜서는 안 될 것입니다. 아직도 수나라 때의 전쟁으로 입은 산동 지방 백성의 피해가 완전히 복구되지 않았습니다."

"그렇지. 적어도 대전을 치르려면 한 세대는 지나야 후유증이 가라앉는 법이지."

당 태종은 진대덕의 보고를 받으며 마침내 고구려를 공격할 때가 되었다고 여겼다.

고구려의 강경파는 진대덕이 다녀간 뒤 노골적으로 불만을 터뜨렸다.

"중원 국가에 태자를 입조시키는 수모를 겪고, 이제는 나라의 지형까지 적의 손아귀에 고스란히 넘겨주었으니 무슨 방법으로 나라를 지킨단 말이오!"

"적국 장수들이 고구려 지형을 낱낱이 익히도록 길을 열어 주고도 무사할 것 같소!"

하지만 영류왕은 여전히 강경파의 불만을 무시했고, 심지어 연개소문이 진행하고 있는 천리장성 축조까지 중단하려 했다.

"말도 안 되는 말씀입니다! 장성 축성을 중단하다니요!

지금 당장 당나라 공격이 없다고 해서 앞으로도 영원히 우리 고구려가 무사하리라고 생각하십니까? 우리 고구려는 예부터 수없이 적의 공격을 받았지만, 튼튼하게 쌓은 성 덕분에 무사할 수 있었습니다!"

연개소문은 영류왕을 만나 강하게 반발했다.

"을지문덕 장군이 살수대첩을 성공시켰을 때에 이미 수나라는 많은 힘을 잃었습니다. 그때 우리 고구려가 중국을 공격했다면 지금 중국 땅은 고구려 영토가 되었을 텐데, 하늘에서 내린 좋은 기회를 놓치고 말았습니다. 당나라는 힘을 길러 고구려를 공격할 기회만을 노리고 있으니 더 늦기 전에 당나라를 쳐야 됩니다!"

연개소문과 강경파가 강하게 불만을 터뜨리자, 영류왕을 비롯한 온건파 대신들은 연개소문을 불편하게 여기기 시작했다.

나라가 어지러운데도 연개소문은 하루도 쉬지 않고 장성 축성 작업에 총력을 기울였다. 그러는 한편 당나라의 침략에 대비하여 군사의 수를 대폭 늘렸다.

연개소문의 세력이 두려워진 영류왕은 못마땅해 하면서도 장성 축성 작업 중지 명령을 내리지 않았다.

"오랫동안 지방에 머물러 있으면 연개소문 추종자들이 떨어져 나갈 것이다. 그런 다음 적당한 구실을 붙여 처단하면 아무 탈이 없을 것이다."

친당파들은 걸림돌인 연개소문을 제거할 계획을 세우고 있었던 것이다.

아무것도 눈치 채지 못한 연개소문은 아침부터 저녁까지 장성 축성 공사에 매달렸다.

"당나라의 노예가 되기 싫거든 성을 쌓아라! 성을 쌓는 일은 나라를 구하는 일이며 백성을 살리는 일이다!"

쉴 틈 없이 일을 해야 되는 일꾼들의 불평 불만이 하늘을 찔렀지만, 연개소문은 아랑곳하지 않았다. 큰 몸집에 칼을 다섯 자루나 차고 위풍당당하게 움직이는 연개소문을 보면 누구도 고개조차 제대로 들지 못했다.

연개소문이 칼을 다섯 자루나 차고 다닌 것은 위엄을 과시하기 위해서가 아니었다. 고구려 남자들이 칼을 다섯 자루씩 차고 다닌 것은 위엄이 아니라 평범한 모습이었다. 고구려는 주변국과의 투쟁을 통해 성장한 나라여서 상무 정신이 기본 정신이었다. 무술 연마, 사냥, 이런 것들을 위해 항상 칼을 다섯 자루씩 차고 다녔던 것이다.

연개소문이 천리장성을 쌓고 있던 그 무렵에 나라 안에 뜻하지 않은 일이 일어났다.

그 무렵, 당 태종은 고구려에 염탐꾼을 자주 보냈다. 그러나 번번이 고구려 군사들에게 잡히고 말았다.

그러자 당나라에서는 다른 방법을 이용했다.

"삼불 제국의 왕에게 뇌물을 주고, 고구려로 사신을 보내어 고구려의 군사 수효와 군대 배치와 산천 지리와 나라 안 사정 등을 낱낱이 살펴보고 오라고 하라!"

삼불 제국은 조그만 섬나라인데, 당나라의 속국이었지만

동북아시아의 최강국인 고구려의 비위를 거스를 수 없어서 해마다 조공을 바쳐 왔다. 당 태종은 삼불 제국의 사신을 이용하기로 한 것이다.

얼마 후, 삼불 제국의 사신이 고구려 땅에 도착했다. 사신은 10여 일 동안 각지의 명산대천을 구경한 뒤에 본국으로 돌아가기 위해 배에 올랐다.

그런데 배가 당나라 쪽으로 향하는 것을 보고 연개소문의 부하인 해라장(해상 경찰장)은 사신이 탄 배를 쫓아갔다. 해라장은 바다 가운데서 사신을 붙잡았다.

"배에서 내리시오!"

해라장은 다짜고짜 삼불 제국의 사신을 배에서 내리게 했다.

"아무리 작은 나라의 사신이지만 엄연히 일국의 사신으로 온 손님에게 무슨 무례한 짓이오!"

사신이 소리쳤지만 해라장은 사신의 짐을 뒤졌다. 그 짐속에서 지장도가 발견되었다.

"사신이 왜 우리 나라의 중요한 군사 요충지와 지형을 소상하게 그려서 가는 거요?"

해라장은 연개소문을 신처럼 숭배하는 사람이었다. 그는 영류왕이 연개소문에게 성이나 쌓게 하고, 당나라를 공격할 시기를 모두 놓치는 것을 못마땅해 했다.

"지도와 비밀문서를 빼앗아 조정에 올리고 저놈을 옥에 가두어라!"

해라장이 부하들에게 소리쳤다. 그러다가 부하들을 막으며 소리쳤다.

"아서라. 적을 눈앞에 두고도 공격할 줄 모르는 나라에 조정이 있으면 뭐 한단 말이냐."

해라장은 지도와 비밀문서를 모두 바다에 던지고 사신의 얼굴에 글씨를 썼다.

'내 어린아이 이세민(당 태종)에게 이른다. 금년에 만약 조공이 오지 않으면 명년에 반드시 문죄하는 군사를 일으킬 것이다.'

그리고 그 밑에 연개소문의 부하가 썼다고 적었다.

"어서 당나라로 가서 네 놈의 얼굴에 쓰인 글을 당 태종에게 보여 줘라!"

당 태종은 사신 얼굴의 글을 보고 노발대발 화를 냈다.

"이런 괘씸한 일이 있단 말이냐! 당장 고구려를 공격할 것이다!"

그러자 한 대신이 말렸다.

"정말로 연개소문의 부하의 소행인지 아닌지 정확하게 알 수 없습니다. 그리고 연개소문의 부하의 소행이라고 해도 연개소문이 직접 쓴 것도 아니고, 그의 부하가 한 행동 하나 때문에 고구려를 공략하는 것은 옳지 않습니다. 먼저 고구려 왕에게 밀서를 보내어 확인하는 것이 좋을 것입니다."

"그렇게 하는 것이 좋겠군."

그 후 당나라에서 밀서가 보내져 왔다.

영류왕은 삼불 제국의 사신 얼굴에 글을 썼다는 해라장

을 당장 잡아들였다.

"당 태종이 보낸 밀서 하나 때문에 연개소문 장군을 해치기라도 하시겠다는 것입니까? 모두 저 혼자 한 행동이니 연개소문 장군은 머리카락 한 올 건들지 마십시오!"

해라장은 조금도 굽힘이 없었다.

"저, 저런 발칙한 놈이 있나!"

영류왕과 대신들은 연개소문을 위해서라면 목숨이라도 내놓겠다는 해라장의 말에 몹시 당혹스러워했다.

"기세가 등등하던 수 양제도 가장 믿었던 우문화급*의 손에 죽음을 당하고 말았지 않은가."

"해라장처럼 목숨도 아끼지 않는 부하가 많다는 것은, 때가 되면 얼마든지 반란을 일으킬 수 있다는 뜻이기도 하다."

우문화급은 고구려 원정군 사령관이었던 우문술의 장남이다. 수 양제의 사위이기도 하다. 수 양제의 근위장에서 대복소경 벼슬에 올랐다. 수나라 말기인 618년에 대반란으로 더 이상 선택의 여지가 없다 여기고, 둘째 동생과 함께 수 양제를 내실로 끌고 들어가 시해하였다. 수 양제의 조카마저 없앤 뒤, 스스로 황제 자리에 올랐다. 그러나 이듬해인 619년에 당나라를 세운 이연의 사촌 동생인 이신통의 공격을 받고 패하였다. 이후 다른 반란 세력인 두건덕에 의해 자신의 두 아들과 함께 참형당했다.

그렇듯 연개소문은 왕조차도 두려워할 만큼 강력한 조직을 갖고 있었던 것이다.

"당장 연개소문을 죽여야 됩니다."

"연개소문을 그냥 살려두는 것은 호랑이를 키우는 것과 다를 바 없습니다."

동탁
악기 또는 말의 목에 달았던 마령으로 추측된다.(국립중앙박물관 소장)

"벼슬을 박탈하고 사형에 처함이 옳을 것입니다."

대신들이 연개소문을 없애야 한다고 주장하자 영류왕이 물었다.

"군사를 보내어 연개소문을 당장 끌어오게 해야 되겠지만, 지금 연개소문이 서부의 군사를 장악하고 있으니 어쩌면 좋은가?"

"억센 천성이라 결코 체포에 응하지 않고 반항할 것이

분명합니다. 죄를 물어 연개소문을 잡아들이면 국내가 한 바탕 시끄러울 것이니, 조금만 때를 기다리는 것이 옳을 것입니다."

"그렇습니다. 머잖아 천리장성 축조 공사가 끝납니다. 공사가 끝나면 왕께 보고를 드리러 들어올 텐데, 그때 모반한 죄를 선포하고 잡으면 천하장사라도 꼼짝없이 붙잡히고 말 것입니다."

그러나 그 자리에 있던 대신 한 명이 연개소문에게 그 사실을 알리고 말았다.

"이렇게 나라가 위급한데 나를 죽일 계획이나 세우다니. 당나라가 쳐들어오면 제일 먼저 도망칠 자들이다. 그놈들을 없애지 않으면 고구려는 끝내 힘을 펼 수 없을 것이다! 나는 절대 그놈들 손에 죽지 않는다!"

연개소문은 심복 부하들과 이 일을 의논했다. 그리고 평양성으로 돌아가서 열병식을 거행하기로 했다.

"내가 왕과 대신들에게 편지를 써 보낼 것이다. 각 부에

70

도 알려서 모두 참석하도록 하라!"

마침내 연개소문은 자신이 살기 위해서 반란을 꾀할 계획을 세웠던 것이다.

연개소문의 반란

연개소문은 곧바로 군사들을 이끌고 평양성에 이르렀다. 평양성에 도착한 연개소문은 군사들을 성의 남쪽 기슭에 머물게 한 뒤, 대신과 부족 대표들에게 편지를 보냈다.

'성 쌓는 일에 정신이 없던 소신이 잠시 성에 들러 여러 대신들께 인사도 드릴 겸 조촐한 술자리를 마련하였습니다. 부디 오셔서 병사들의 행군식도 둘러보시고 자리를 빛내 주십시오.'

대신들은 열병식에 참석하고 싶지 않았다. 연개소문이 두려웠던 것이다.

"참석하지 않으면 연개소문이 반드시 의심을 할 것입니다. 그러니 모두 참석하기로 하지요."

"그렇습니다. 편지 내용으로는 아직 아무런 눈치도 못 챈 것 같으니 오히려 참석하지 않으면 의심을 살 게 분명합니다."

"왕께서는 그대로 왕궁에 계시고 우리만 열병식에 참석하도록 하는 것이 여러모로 좋겠습니다."

대신과 호족 대표들은 열병식에 참석하기로 결정했다. 열병식이 거행되던 날, 대신과 호족들 수백 명이 속속들이 도착했다.

잔치는 매우 성대했다. 산더미 같은 음식과 향기로운 술이 차려져 있었다.

"자, 제가 대신들께 술 한 잔씩 올리겠습니다."

연개소문은 대신들의 잔에 술을 가득 채웠다.

"자, 우리 고구려를 위해서 건배합시다!"

연개소문은 단숨에 술잔을 비웠다. 그리고 빈 잔을 장막

덕흥리 무덤 천장 고임 벽화
선인, 옥녀, 별자리들이 잘 그려져 있다. 도교의 신선 사상을 잘 보여 주는 벽화로
손꼽힌다.

밖으로 힘껏 내던졌다. 그와 동시에 여러 명의 군사들이
칼을 빼어 들고 장막 안으로 뛰어들어왔다.

"나를 죽이겠다고! 네 놈들이 나를 죽이기 전에 내가 먼
저 네 놈들을 없앨 것이다!"

연개소문은 차고 있던 칼 다섯 자루를 번개같이 휘둘러

대신과 호족들의 목을 베었다.

"으악!"

"살려 줘!"

겹겹이 에워싼 연개소문의 군사들 때문에 대신과 호족들은 꼼짝못한 채 비명을 지르며 쓰러졌다. 잔치 자리는 금방 피비린내나는 지옥으로 변해 버렸다. 그 자리에서 목숨을 잃은 사람은 무려 180여 명이나 되었다.

"이제는 궁 안이다!"

연개소문은 부하들을 이끌고 궁궐 문으로 들어갔다.

"왕의 긴급 명령이다!"

연개소문이 외쳤다.

"우리는 아무 보고도 받지 못했으니 궐 안으로 들어갈 수 없다!"

수비병들이 일제히 앞을 가로막았다.

"죽기 싫거든 순순히 대궐 문을 열고 길을 비켜라!"

연개소문의 부하들이 수비병을 순식간에 물리쳤다.

"영류왕은 내 칼을 받아라! 나라를 위해 일하는 나를 없애려 했으니 내 칼이 먼저 왕의 목을 칠 수밖에 없다!"

궁중으로 뛰어들어간 연개소문은 영류왕을 포박하고 그 자리에서 죽였다. 왕을 지키던 군사들은 연개소문의 부하들에게 밀려 칼 한 번 휘두르지 못하고 손을 들었다.

20년 전, 수나라의 수군 총사령관인 내호아가 이끌고 쳐들어온 수십만 명의 적을 물리치고, 을지문덕의 살수대첩을 성공으로 이끌어 고구려에 승리를 안겨 주었던 영류왕은 그렇게 죽음을 당하고 말았다. 642년 10월이었다.

"영류왕까지 죽인 것은 슬픈 일이다. 그렇지만 내 목숨을 노리는 자들에게 반격을 하지 않을 수가 없었다!"

연개소문은 보장을 왕의 자리에 앉혔다. 보장왕*은 영류왕 동생의 아들이었다.

보장왕은 고구려의 마지막 왕이다. 643년에 당나라에 사신을 보내어 당나라로부터 '도덕경'을 받아들였다. 연개소문의 세 아들이 권력 싸움을 벌여 나라가 혼란에 빠졌으나 이를 슬기롭게 다스리지 못했다. 668년, 나당 연합군이 쳐들어와 평양성이 포위되자 항복하였다. 당나라로 끌려가 677년에 요동주 도독으로 조선 왕에 봉해졌다. 말갈과 함께 고구려의 부흥을 꾀하다가 양주로 유배된 뒤, 그곳에서 눈을 감았다.

"연개소문의 공로를 인정하여 대막리지에 임명한다!"

보장왕은 반정의 공로를 인정해 연개소문을 대막리지에 임명했다. 대막리지는 막리지의 격을 더 높인 것이었다.

보장왕은 왕의 자리에 앉아 있었지만 아무런 실권이 없었다. 연개소문은 정권과 병권을 모두 맡았고, 국고의 출납까지도 손아귀에 쥐었다. 나라 안팎의 중요한 벼슬은 모두 연개소문의 측근이 차지했다. 모든 결정을 연개소문이 했고, 왕은 옥새만 찍을 뿐이었다.

연개소문은 고구려 900년 동안 어떤 왕도 가져 보지 못한 권력을 손에 쥔 것이다.

그 무렵에 백제의 무왕이 세상을 뜨고 뒤를 이어 의자가 왕위에 올랐다. 의자왕은 병력을 강화하고 대대적으로 군대를 일으켜, 642년 7월에 신라에 총공격을 퍼부었다. 결국 신라 서쪽의 40여 성이 함락되었고, 그 틈을 노려 그해 8월에는 고구려가 당항성을 공격하여 함락시켰다.

또 백제 장군, 윤충이 같은 달에 대야성(경남 합천)을 공격하여 점령한 뒤에 그곳의 도독인 이찬 품석(김춘추의 사위)과 사지 죽죽, 용석 등을 죽였다.

백제와 고구려의 공격을 견디다 못한 신라의 선덕여왕은 당나라에 사신을 보내어 도와 달라고 했다.

선덕여왕은 고구려에도 김춘추를 보내어 구원을 요청하기로 했다.

김춘추가 연개소문을 찾아가기로 했다는 말을 듣고 김유신이 펄쩍 뛰었다.

"호랑이 굴로 들어가겠다는 것입니까?"

"고구려에 원정을 청해 이번 기회에 백제를 완전히 무찔러야 합니다. 60여 일이면 돌아올 수 있을 것이오. 그러나 그때까지 돌아오지 못하거든 다시는 못 본다고 생각하시오."

"만일 김춘추 공에게 무슨 변이 생긴다면 반드시 내 말발굽이 고구려와 백제 두 나라를 짓밟을 것이오!"

"나는 반드시 살아 돌아올 것이오. 내 손에 우리 신라의 운명이 달려 있는데 어찌 죽어서 돌아오겠소!"

김춘추는 곧바로 고구려로 떠났다.

보장왕은 연개소문에게 사신으로 찾아온 김춘추를 극진히 대접해 줄 것을 부탁했다.

연개소문은 김춘추를 위해 잔치를 베풀고, 고구려를 찾아온 목적을 물었다.

"고구려에서 백제군을 막아 주십시오. 백제의 힘이 커지면 고구려에까지 그 힘이 뻗칠 것입니다. 비록 우리 신라는 당나라와 화친을 맺고 있지만, 우리와 손을 잡는다면 고구려에도 큰 득이 될 것입니다."

김춘추는 조금도 굽힘이 없었다.

'을지문덕 장군이 혼자서 수나라 진영으로 들어가 적의 사정을 낱낱이 파악하고 돌아와 전쟁을 승리로 이끌었는데, 김춘추를 신라로 돌려보내서는 절대 안 되겠구나.'

연개소문은 김춘추가 염탐하기 위해 고구려에 왔다고 여겼다.

"우리 고구려는 광개토대왕 때에 신라에 원병을 보내어 위험에 빠진 신라를 구해 주었습니다. 또 신라의 내물왕께서 왜구가 쳐들어와 나라가 초토화 지경에 놓였으니 원병을 보내 달라고 요청해서, 우리 고구려는 많은 병사를 신라로 보내어 왜구를 바다 너머로 내쫓고 신라를 구했습니다. 그런데 신라는 우리 고구려를 배신하여 오랫동안 변방을 공격하고, 심지어 당나라에 찾아가 고구려를 공격하면 앞잡이 노릇을 하겠다고 자청하고 있는데 은혜를 원수로 갚는 신라를 어찌 믿으라는 것이오?"

"나라마다 사정이 있게 마련입니다. 제가 목숨을 걸고 고구려 땅으로 넘어온 데는 그만한 사정이 있고 목적이 있습니다. 고구려가 우리 신라와 동맹 관계를 맺는다면 우리 신라는 두 번 다시 고구려를 배신하지 않을 것입니다. 그렇게 되면 설령 당나라가 공격해 온다고 해도 고구려로서는 손해 볼 것이 없을 것입니다."

"흥, 당장 발등에 불이 떨어졌으니 다급해서 달려오기는 했겠지만, 만약 우리가 신라를 도와 백제군을 물리쳐 준다면 신라가 영원히 우리 동맹국이 된다는 보장이 있습니까?"

연개소문은 끝까지 김춘추를 무시했다.

그리고 보장왕에게 거짓보고를 했다.

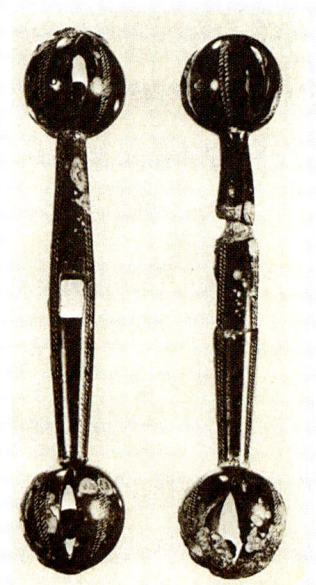

청동기 시대의 무구
전라남도 화순군 도곡면 대곡리에서 출토된 청동기 시대의 무구. 이런 형태의 방울은 여러 곳에서 발견되는데, 무구의 일종으로 추측하고 있다.(국립중앙박물관 소장)

"김춘추는 원군 요청을 위해 온 것이 아니라 우리 고구려를 공격하기 위해 염탐하고자 찾아온 것입니다."

"그 말을 믿을 수가 없소. 김춘추는 신라에서 왕 다음으로 중요한 인물이오. 그런 인물이 염탐이나 하자고 목숨을 내놓고 우리 고구려를 찾아온 것은 아닐 것이오."

보장왕은 이번 기회에 신라와 손을 잡는 것이 유리하다고 여겼다.

"신라가 더는 당나라를 찾아가 우리 고구려를 공략하는 데 힘을 보태겠다는 말을 하지 않도록 하는 것이 먼 훗날을 위해서라도 이로울 것이오."

하지만 연개소문은 보장왕의 생각과 달랐다.

"선왕(영류왕)께서는 당나라에 많이 의존해서 나라의 힘을 잃었습니다. 신라 또한 우리 고구려에 적일 뿐입니다. 우리 힘을 길러 적과 맞서는 것 외에는 아무런 방법이 없습니다."

"그렇다면 과인이 김춘추를 직접 만나 보도록 할 것이오."

보장왕은 즉시 김춘추를 불렀다.

"우리 신라가 고구려와 동맹을 생각한 것은, 이민족인 당나라에 가서 군사 요청을 하기 전에 이왕이면 동족인 고구려와 손을 잡아 보려는 마지막 수단이었습니다."

김춘추는 자신이 고구려를 찾아온 목적을 설명했다.

"진정으로 신라가 우리 고구려와 화친 관계를 맺고 싶어 한다면 한 가지 조건이 있소. 신라는 우리 고구려 땅인 마목현과 죽령을 점령하고 있소. 만약에 우리가 원군을 보내어 신라를 돕는다면, 신라는 그 보답으로 빼앗아 간 그 땅을 도로 내놓겠소?"

보장왕의 말에 김춘추는 몹시 당황했다.

"그 일은 제가 답할 게 아니라 우리 신라의 여왕께서 결정하실 일입니다."

"그렇다면 나도 신라를 도울 수가 없소."

보장왕은 김춘추를 신라로 돌려보내지 않고 객관(사신들이 머무는 곳)에 머물게 하고, 군사들로 하여금 지키게 했다. 김춘추를 가둬 버린 것과 다를 바 없었다.

"이대로 죽을 수는 없다. 고구려를 탈출해 신라로 돌아갈 방법을 찾아내야 한다."

김춘추는 신라에서 가져온 청포 300포를 보장왕의 신임

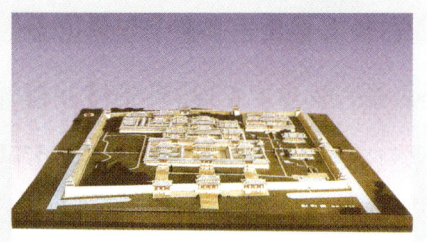

안학궁 모형
고구려 전성기의 궁궐이었던 안학궁의 전체 모습을 복원
해 놓은 모형도다. 남궁에서 북궁으로 가면서 터가 높아
지고 건물은 낮아지고 있다.

을 받는 선도해*에
게 보냈다.

며칠 뒤, 선도해
가 많은 음식을 가
지고 김춘추를 찾
아왔다. 둘은 밤늦
도록 술을 마셨다.

선도해가 웃으면서 말했다.

"김춘추 공은 토끼와 거북이 이야기를 아시오?"

"새삼스럽게 토끼와 거북이라니요?"

"옛날 동해 용왕의 딸이 심장병을 앓았는데, 의원 말이
토끼의 간이 있어야만 공주 병이 낫는다고 했소. 그런데
깊은 바다 속에 무슨 토끼가 있겠소. 그래서 거북이 육지
로 나와 토끼에게 용궁을 구경시켜 주겠다고 속여 산 채로

선도해는 고구려 영류왕의 총신이었다. 신라가 642년에 백제를 치려고 고구려에 김춘추를
보내어 원병을 청했으나, 오히려 갇히는 신세가 되고 말았다. 선도해는 김춘추에게서 청포
300포를 뇌물로 받고 '귀토지설(토끼와 거북)'로 귀띔을 해 주어 무사히 탈출하도록 도왔다.
그 일은 〈삼국사기〉의 '김유신전'에 실려 있다.

데려갔지요. 토끼는 거북에게 속은 것을 눈치 채고는 오늘 마침 간을 씻어서 바위 밑에 두고 왔으니 서둘러 집으로 돌아가 가져오겠다고 했습니다. 그 말에 속은 용왕은 토끼에게 거북을 딸려 보냈지만, 육지에 도착한 토끼는 거북에게 이렇게 말하고 도망쳤지요. 어리석은 놈! 세상에 간을 넣었다 뺐다 하는 종자가 어디 있다더냐? 하고 말입니다."

말을 마친 선도해는 다시 껄껄 웃었다.

"무슨 말씀인지 잘 알겠습니다."

김춘추도 빙그레 웃었다. 그리고 보장왕 앞으로 글을 써 보냈다.

'마목현과 죽령은 원래 고구려의 영토가 맞습니다. 신이 신라로 돌아가면 우리 왕께 청해 반드시 돌려드리겠습니다.'

60여 일이 지나도 김춘추가 돌아오지 않자, 김유신은 고구려를 공격하기 위해 군사 3천 명을 뽑아 고구려 국경으로 향하고 있었다.

김춘추의 글을 받아 본 보장왕은 연개소문에게 김춘추를 돌려보내는 것이 좋겠다는 뜻을 밝혔다.

"김춘추는 신라 왕에게 우리의 옛 땅을 돌려주라는 청을 하겠다고 했소. 김유신이 김춘추를 구하기 위해 고구려를 향해 달려오고 있다 하니, 이쯤 해서 김춘추를 신라로 돌려보내는 것이 좋겠소."

보장왕의 허락을 받은 김춘추는 무사히 신라로 돌아갈 수 있게 되었다.

"신라로 돌아가 임금님께 죽령 이북의 땅을 돌려드리도록 말씀드릴 것입니다."

김춘추는 다시 한 번 거짓 약속을 했다.

"그렇게 하시오. 만약 그 약속을 지킨다면 우리 고구려는 신라의 동맹국이 될 것이오."

당나라와 손을 잡은 신라

가까스로 고구려를 탈출해 신라에 도착한 김춘추는 보장왕에게 했던 약속을 지키지 않았다.

신라가 약속을 지키지 않자 연개소문은 백제와 손을 잡고 신라를 공격해서 당항성(지금의 남양)을 빼앗아 버렸다. 신라가 당나라로 가는 통로를 막아 버린 것이다.

"큰일났구나. 우리 신라는 작은 나라에 불과하다. 고구려와 백제가 손을 잡고 계속 협공을 해 온다면 우리 신라는 바람 앞의 촛불처럼 무너지고 말 것이다!"

고구려와 백제의 동맹은 신라로서 크나큰 위협이었다.

"신라가 살기 위해서는 마지막 방법을 찾는 수밖에 없

다. 즉시 당나라에 사신을 보내어 원군을 요청하도록 하라!"

다급해진 선덕여왕은 당나라에 사신을 보내어 군대를 지원해 줄 것을 요청했다.

신라의 사신이 찾아오자 당 태종은 몹시 반겼다.

"고구려가 바보 짓을 했구나. 신라를 놓치는 것은 바로 고구려를 멸망시키겠다는 것이 되는데, 그걸 몰랐단 말인가? 신라는 비옥한 땅이 넓으니 군량을 확보하는 데는 나무랄 데 없는 조건을 지녔다. 장차 우리 당나라가 고구려를 공략하게 되면 신라는 큰 힘이 되어 줄 것이

청동기 시대의 동검 장식
동검 자루 끝에 부착하였던 장식이다.
(숭전대학교 박물관 소장)
· 장축과 단축으로 된 장십자형으로 청동기 후기 제작으로 보인다. 왼쪽 것은 반월형 무늬가 음각되었고, 오른쪽은 돌기로 장식되어있다.(위)
· 전체 형태는 십자형으로 장축은 새 모양으로 만들었으며, 중앙에 주형 입식이 있는데 현재는 절반만 남아 있다.(아래)

다."

당 태종은 신라에 세 가지 조건을 내놓았다.

"첫째, 우리 당나라가 거란과 말갈을 시켜 요동을 치면 고구려가 함부로 신라를 공격하지 못할 것이다. 둘째, 신라가 당나라의 옷과 깃발을 사용하면 고구려와 백제가 겁을 먹고 도주할 것이다. 셋째, 여왕을 폐위하고, 우리 당나라 황실의 친족을 신라로 보낼 것이니 신라의 왕으로 삼도록 하라."

당 태종은 신라의 사신을 조롱하고 있었던 것이다.

"신라는 발등에 떨어진 불을 끄기 위해서라도 다시 우리 당나라를 찾아올 것이다. 그때에는 반드시 신라가 우리 당나라를 위해 철저하게 움직이도록 만들 것이다!"

신라 사신은 빈손으로 돌아가야 했고, 644년 정월에 선덕여왕은 다시 사신을 당나라에 파견했다.

"부디 원군을 보내 주십시오. 우리 신라의 운명이 경각에 달해 있습니다. 우리 신라를 도와주신다면 머잖아 당나라에 큰 득이 될 것입니다."

"좋다. 그렇다면 고구려에 사신을 보내어 신라 공격을 멈추도록 하겠다!"

당 태종은 고구려에 이현장을 보내어 신라 공격을 멈출 것을 종용했다.

'신라는 왕자를 볼모로 당에 보내 놓고 매년 조공을 바치는데, 고구려는 백제와 손을 잡고 당항성까지 빼앗았소. 앞으로 또다시 신라를 침범한다면 우리 당나라가 용서하지 않을 것이오.'

연개소문은 당 태종이 보낸 글을 묵살했다.

"우리가 수나라의 침입을 막기 위해 온 힘을 쏟는 동안 신라는 비겁하게 우리 땅 5백 리를 빼앗아 갔다. 신라가 지금이라도 잘못을 뉘우치고 그 땅을 내놓는다면 우리도 신라를 더 이상 침략하지 않을 것이다!"

연개소문은 당나라 사신을 향해 소리쳤다.

"당신네들이 어째서 남의 나라 일에 이러쿵저러쿵 간섭을 하는 거요? 나는 반드시 우리 조상이 차지했던 고구려의 옛 땅을 찾을 것이오!"

"옛 땅을 찾아야만 된다면, 지금 고구려가 차지하고 있는 요동 땅은 모두 우리 중국 땅이었습니다. 당나라는 요동 땅을 찾으려 하지 않는데 왜 유독 고구려만이 굳이 옛 땅을 찾아야 됩니까?"

"당신이 요하 동쪽의 요동을 옛날의 중국 땅이라고 하는 것은 한나라가 우리 옛 땅을 도둑질하여 한사군(기원전 108년에서 기원전 107년에 전한[前漢]의 무제가 위만조선[衛滿朝鮮]을 멸망시키고 그 고지에 설치한 4개의 행정구역)을 두었던 그때를 말하는 것이오? 그렇다면 지금 당나라가 차지하고 있는 영주나 유주 같은 땅은 모두 고구려의 땅이었소. 이 연개소문이 살아 있는 한 반드시 우리 고구려의 옛 땅을 찾고야 말 것이오!"

불같이 호령하는 연개소문을 보고 대신들은 크게 걱정을 했다.

"대막리지의 세력이 아직 완전히 굳어지기 전에 당 태종은 서둘러 군사를 동원할 것입니다. 사신을 달래서 보내는 것이 좋을 것입니다."

그러나 연개소문은 고개를 저었다.

"당 태종은 수 양제가 고구려와의 전쟁으로 인하여 망했다는 것을 구실 삼아 수나라를 멸망시켰다. 그렇기 때문에 우리 고구려를 공격하지 않으면 안 되는 처지에 놓여 있다. 사신을 보낸 것은 하나의 구실에 불과하다."

본국으로 돌아간 당나라 사신은 당 태종에게 연개소문의 말을 그대로 전했다.

"뭐라고? 연개소문 그놈이 제 나라 왕과 대신들을 모조리 죽여 없애고 나라를 손아귀에 집어넣더니 이제 우리 당나라까지 우습게 아는구나! 내 고구려를 공격하여 연개소문을 굴복시키고 말 것이다!"

당 태종은 그동안 고구려를 공격할 명분을 찾고 있었지만 신하들을 설득할 만한 대의명분을 찾지 못하고 있었다.

"수나라가 고구려에 패한 여파가 아직도 가시지 않은 상태라 백성은 전쟁에 대한 거부감이 심했지만, 이제는 그 명분을 찾았으니 고구려를 공격할 것이다!"

당 태종은 고구려 침략 의도를 서서히 드러냈다.

"고구려의 연개소문은 제 나라 왕을 죽이고서 스스로 세력을 손아귀에 넣고 권력을 휘두르며, 고구려 백성을 도탄에 빠뜨리고 있으니 마땅히 응징해야 할 것이다!"

당 태종은 수나라가 패한 원인을 정확하게 파악하고 있었다. 그래서 이번에는 수나라와는 반대되는 전략을 짰다.

1. 수 양제가 패한 첫째 이유는, 군사가 4백만에 이르렀으나 전투를 경험한 군사는 수십만에 불과했다. 이번에는 10년 이상 양성한 군사 중에서 특별히 정예 군사 20만 명만 고른다.

2. 수 양제가 패한 둘째 이유는, 고구려의 변경부터 공격하

지 않고 대군을 평양으로 진군하게 하다가 식량 보급로가 끊어지고 후원군이 끊겼기 때문이다. 이번에는 평양은 침입하지 않고 먼저 요동의 각 고을을 공격한다.

3. 수 양제가 패한 셋째 이유는, 육군이 제각각 먹을 양식을 짊어지게 하거나 수군으로 하여금 배를 이용해 군량을 운반하게 하다가 고구려의 수군에 당했다. 이번에는 군사 한 사람마다 말과 소 한 마리를 주어 양식을 싣게 하고, 양 몇 마리씩을 주어 편안하게 진군하면서 고기를 충분히 먹게 해 준다.

4. 수 양제가 패한 넷째 이유는, 다른 여러 나라의 원조 없이 오직 수나라 힘으로만 고구려와 맞섰기 때문이다. 이번에는 신라의 김춘추로 하여금 고구려 뒤쪽을 교란하게 할 것이다.

철저하게 전략을 짠 당 태종은 당나라에서 실력이 가장 뛰어난 명장, 이정*을 불렀다.

"군사를 이끌고 고구려를 공격해서 연개소문을 처치하

이정은 당나라의 명장으로 처음에는 수나라를 섬겼으나, 반란을 일으킨 이세민에게 체포되었다가 나중에 당나라를 위해 돌궐을 공격하는 등 많은 활약을 펼쳤다.

라."

그러자 이정이 정중하게 거절을 했다.

"황제 폐하의 은혜도 무겁지만, 스승의 은혜를 돌아보지 않을 수 없는 제 처지를 이해해 주십시오"

"고구려를 공격하지 않겠다는거요?"

"일찍이 저는 태원에 있을 때에 연개소문을 만나 스승으로 모시고 병법을 배우고 익혔습니다. 폐하를 도와 천하를 평정할 수 있었던 것은 모두 연개소문의 병법에 힘입은 것입니다."

"연개소문이 스승이었단 말이오?"

"그렇습니다. 어찌 제가 예전에 스승으로 모셨던 연개소문을 칠 수 있겠습니까? 당나라를 위해서라도 지금의 명을 거두어 주십시오."

"그렇다면 우리 당나라에 연개소문과 견줄 장수는 누구라고 생각하는가?"

"폐하의 여러 장수들 가운데에는 연개소문의 적수가 될

만한 인물이 없습니다. 비록 막강한 부대를 이끌고 고구려를 공격한다 해도 연개소문이 있는 한 승리는 어려울 것입니다."

그러자 당 태종이 화를 냈다.

"어찌 넓은 땅과 많은 백성과 강한 병력을 갖고서도 연개소문을 두려워한단 말인가?"

"연개소문은 비록 한 사람이지만, 그의 재주와 지혜는 만 명의 재주와 지혜를 합친 것보다 뛰어납니다."

"에잇, 그때 연개소문을 감쪽같이 없애 버릴 수 있었는데, 그 좋은 기회를 잃었구나!"

당 태종은 누이동생이 옥에 갇힌 연개소문을 풀어 준 것을 두고 다시 화를 냈다.

"고구려를 공격하지 않을 이유가 없다! 당나라의 모든 군사들은 고구려 공략을 위해 빈틈없이 창과 칼을 닦도록 하라!"

당 태종이 본격적인 전쟁 준비에 돌입할 무렵, 연개소문

은 여러 차례 당나라에
사신을 보내어 당나라
의 상황을 파악하게 했
다.

"당나라는 고구려를
공격하기 위해 만반의
준비를 서두르고 있습
니다."

"당 태종은 수나라의
패배를 되풀이하지 않
기 위해 철저하게 신라

삼국기 시대의 불상
불상 전체의 조형은 극도로 추상화되어 있다. 중국
남북조의 수법을 바탕으로 한 600년대 전후의 양
식이다. 표정이 정적이지만 심각하다. 길고 수척한
얼굴에 눈꼬리가 치켜올려져 있어 심각성이 더 강
조되고 있다.(국립중앙박물관 소장)

의 도움을 받을 것입니다."

사신으로부터 당나라가 전쟁 준비를 서두르고 있다는 보
고를 받은 연개소문은 서둘러 당의 침략에 대비해 전략을
짰다.

"전국에서 말갈군을 포함하여 병력 20만을 형성하도록

한다! 그 중에서 5만의 병사는 한반도 쪽 변방에 배치하고, 나머지 15만의 병사는 요동과 평양에 나누어 배치하도록 한다! 안시성에는 안시 성주의 독자적인 세력이 10만이 있으니 고구려는 충분히 당의 침략을 막아 낼 수 있다!"

연개소문은 당나라군이 바다를 타고 밀려와서 평양을 칠 것을 예상하여, 보장왕을 비롯한 왕실 종친들을 모두 대동강 기슭의 하평양에 머물도록 했다.

연개소문이 당나라의 침략에 대비하는 사이, 당 태종은 일부 신하들의 반대에도 불구하고 645년 3월에 출전 명령을 내렸다.

"왕을 죽이고, 이웃 나라에 대해 전쟁을 일삼는 연개소문을 응징한다!"

당 태종은 이세적을 육군 총사령관으로 삼아 요동 방면으로 향하게 하고, 장량을 해군 총사령관으로 삼아 평양을 공격하게 했다.

이세적*이 이끄는 육군이 6만 명, 장량이 이끄는 수군이 4만3천 명이나 되었다. 그리고 말이 1만 마리, 배는 5백 척이 넘었다. 수군은 전함 5백 척을 거느리고 발해를 통해 평양으로 향했으며, 나머지 6만은 당 태종이 직접 거느리고 요수(난하)를 건너 육로로 진군했다. 또한 돌궐군과 거란군 수만 명이 당나라군을 지원하기 위해 동원되어 있었기 때문에 고구려 침략군은 총 15만에 육박했다.

수나라가 쳐들어왔을 때와 비교하면 적은 숫자였지만, 모두 훈련으로 단련된 날랜 군사들이었다.

당 태종도 군인 출신이었다. 그동안 치른 많은 전쟁을 통해 경험과 지식을 쌓아 두어서 군사를 다루는 실력이 뛰어났다.

"고구려의 대다수 백성은 모두 연개소문의 처사에 강한 불만을 품고 있으니, 천자인 내가 나서서 고구려 백성을

이세적은 중국 당나라 때의 무장이다. 태종에게 등용되어 하북·하남을 통일하는 데 공을 세우고 이정과 돌궐을 격파했으며, 설연타를 평정하여 당나라 대제국 건설에 공헌했다. 고종 때에 고구려에 원정하기도 했다.

구해 주어야 마땅하다!"

당 태종은 자신의 정복욕과 연개소문에 대한 감정을 천
자의 도리라는 말로 위장하고 고구려를 공격했던 것이다.

마침내 11월, 당 태종은 장안을 떠나 낙양에 이르렀다.

금동보살입상
몸은 강건하고 당당하지만 몸에 비해 머리와 손이 훨씬 큰 비율을 보이고 있다. 신체 좌우로 날
리는 옷자락은 아직도 힘이 있고 곡선이 유려하다.(국립중앙박물관 소장)

당나라의 고구려 침략

당 태종은 임시로 마련된 처소에서 전 의주 자사였던 정천숙을 찾았다.

"정천숙은 나이가 많아 사직한 사람이지만 일찍이 수 양제를 따라 고구려 정벌에 나섰던 경험이 있는 사람이니, 요동의 실상을 물으면 많은 도움이 될 것이다."

그러나 불려온 정천숙은 난색을 표했다.

"요동은 길이 멀어 군량을 옮기기 어렵고, 동이들은 성을 수비하는 능력이 뛰어나므로 빨리 함락하기 어렵습니다."

중국인들은 배달겨레에게는 나쁜 이름을 붙이지 못했다. 고구려 · 백제 · 신라를 아울러 동이라고 하였는데, 큰 활을 가지고 용감하게 싸우는 사람들이라는 뜻이 담겨 있다.

정천숙은 고구려에 대해 잘 알고 있었다.

"고구려는 대규모의 침공군을 맞았어도 성문을 닫고 지켰을 때에는 번번이 승리를 거두었습니다. 그러나 대규모 병력을 동원해서 침략군과 맞붙었을 때에는 대개 참패했습니다. 성문을 닫고 가만히 앉아서 지키는 수성 전략은 침공군의 식량이 떨어져 돌아갈 때를 기다렸다가 기진맥진한 침공군의 뒤통수를 치는 전략인데, 이번에도 고구려는 수성 작전으로 맞설 것입니다."

정천숙은 당 태종이 지금이라도 고구려 침략을 포기하기를 간절히 바랐지만, 당 태종은 정천숙의 말을 한마디로 일축했다.

"수 양제 때와는 여러모로 사정이 달라졌다는 것을 모르는가?"

그러나 200리에 이르는 진창길이 당나라군의 발목을 제일 먼저 붙잡았다.

"나무와 돌을 운반해 길을 만들라!"

당나라 군사들이 나무와 돌을 운반해 진창을 막고 길을 만들었다. 나무를 베어 다리를 만들고, 바위를 옮겨 와 늪에 까느라 곳곳에 민둥산이 생겨났다.

그때 당나라군이 나무를 모두 베어 버린 탓에 뒷날 다시 고구려를 공격하려 할 때, 먼 지방에서 나무를 실어 와 길을 만들었다고 한다.

산에서 나무와 바위를 옮겨 와 길을 만드는 동안, 수나라 때에 고구려군과 싸우다 숨을 거둔 군사들의 유골이 수없이 나왔다.

"오늘날 수나라 젊은이들이 이 해골의 후손들이니, 어찌 고구려에 복수하지 않을 수 있으리오!"

당 태종은 제문을 짓고, 유골을 한데 모아 제사를 지내
주었다.

"군사들이여! 이 유골의 후손 아닌 군사는 한 명도 없다!
그대들은 울며 떠도는 조상의 원한을 끝까지 갚아라! 고구
려는 모든 군사들의 원수다!"

당 태종은 반드시 고구려를 이겨야 된다는 것을 군사들

해신과 달신
오화분 4호묘의 천장 그림. 사람의 얼굴에 용의 몸통을 하고 있는 해신과 달신의 모습으로, 고
구려인들이 신비로운 하늘 세계의 모습을 상상해서 그려 놓은 그림 중 일부다.

에게 다시 한 번 일깨웠다.

"우리는 반드시 고구려를 물리쳐 조상의 원수를 갚는다!"

"우리 손으로 구천을 떠도는 조상의 원수를 갚고 고구려를 무너뜨리자!"

당나라군의 함성이 하늘과 땅을 울렸다.

당나라군이 공격해 온다는 보고를 받은 연개소문은 장수들을 한자리에 모았다.

"평원왕 때에 온달 장군이 주나라와 싸웠을 때와 같이, 기병을 앞세워 요동 평야에서 격전을 벌인다면 반드시 승리할 수 있습니다."

"영양왕 때에 을지문덕 장군이 수나라와 싸울 때와 같이 곡식을 모두 성안으로 옮기고 우물물을 막은 뒤에, 적의 양식 길이 끊기게 하여 전의를 상실하게 한 뒤에 공격하는 것이 좋습니다."

장수들이 의견을 내놓았지만 연개소문은 신중하게 판단

했다.

"지금은 평원왕 때나 영양왕 때와는 사정이 많이 다르다. 그러므로 그때와 같은 전략만을 고집했다가는 크게 당하고 말 것이다. 위치를 골라 방어하고, 기회에 따라 공격해야 할 것이다."

연개소문은 성마다 굳게 문을 지키라는 명령을 내렸다.

"곡식과 말먹이를 성안으로 옮겨 놓거나 태워 버려서 적으로 하여금 노략질할 것이 없게 하라!"

"오골성(지금의 연산관)으로 방어선을 삼아 용감한 장수와 군사를 배치해 놓아라!"

연개소문은 안시성을 지키는 양만춘*, 오골성을 지키는 추정국*을 비밀리에 불러들였다.

"지금 당나라 군사들이 소, 말, 양을 수없이 가져왔지만

· 양만춘은 고구려 보장왕 때의 안시성 성주다. 642년에 연개소문이 영류왕과 많은 대신들을 없애고 난 뒤에도 끝까지 굴복하지 않고 싸워, 성주의 지위를 유지했던 인물이다. 645년, 안시성 성주로 있으면서 당나라 태종의 공격을 물리쳤다. 당나라군이 60여 일 동안 하루에 6~7차례씩 공격을 했으나, 양만춘은 굳건하게 군사와 주민들을 격려하여 적을 물리쳤다. 이 싸움에서 당 태종은 양만춘이 쏜 화살에 맞아 한쪽 눈을 잃었다.

· 추정국은 고구려를 공격해 온 당나라군이 안시성을 포위하자, 후방에서 당나라군을 괴롭히며 양만춘이 당나라군을 물리칠 수 있도록 도왔다.

머잖아 가을이 끝나고 겨울이 되어 물들이 다 마르고 강물도 얼어 버리면 가축들 먹이가 사라지오. 저들도 그 사실을 잘 알고 있으므로 속전속결로 결판을 내려 할 것이오. 저들이 성을 에워싸도 양만춘 장군은 먼저 나가 싸우지 말고 성을 굳게 지켜 주시오. 그래서 적들이 굶주리고 피곤해지기를 기다렸다가 성에서 나와 적을 공격하시오. 나는 뒤에서 당나라 군사를 습격하여 그들이 돌아갈 길을 없앤 뒤에 이세민을 사로잡을 것이오."

"무슨 일이 있어도 안시성을 지켜서 평양성을 안전하게 지킬 것입니다."

양만춘이 대답했다.

양만춘은 연개소문을 좋아하지 않았다. 왕을 죽이고 나라의 실권을 움켜쥔 반역자라고 여겼다.

연개소문이 영류왕과 많은 대신들을 없앤 뒤에 새 왕을 앉히고 나라의 실권을 움켜쥐자, 고구려의 여러 성주들은 앞다투어 충성을 맹세했다. 연개소문의 보복이 두려웠던

108

것이다.

그러나 양만춘은 끝까지 고개를 숙이지 않았다.

"나는 반역자를 용서하지 않겠다!"

처음에는 연개소문도 군사를 보내어 안시성을 토벌하려 했다. 그러나 마음을 바꿨다.

"양만춘 성주야말로 고구려를 지켜 준 용맹스러운 장수요. 안시성을 양만춘 성주에게 맡길 테니 나를 위해서가 아니라 우리 고구려를 위해서 굳건하게 지켜 주시오."

나라가 위급한 상황에 놓이자 연개소문은 먼저 고개를 숙이고 양만춘에게 도움을 요청한 것이다.

당나라가 고구려를 공격하자 신라의 선덕여왕은 군대 3만을 동원하여 협공하게 했다. 하지만 백제가 신라를 가만두지 않았다.

"신라 변경을 급습하라!"

백제는 군사를 이끌고 신라 변경을 급습해 일곱 성을 점령했다.

"백제에 계속 성을 빼앗기고 있다! 왕이 나라를 제대로 이끌지 못해 백성이 도탄에 빠지고 있다!"

신라 조정은 계속해서 백제에 당하자 크게 흔들렸고, 심지어 비담과 염종의 무리가 명활산성을 장악하고 반란을 일으킨 사건까지 벌어졌다.

"여왕이 정치를 잘못해서 나라가 피폐해지고 있으니 당장 왕을 갈아 치워라!"

"전쟁이 계속되는데 엄청난 인력과 자원이 드는 황룡사 대탑(경상북도 경주시 구황동 황룡사지에 있던 9층 목탑)을 건립하면서 나라를 어렵게 하고 있다!"

반정군과 근왕 세력의 대치로 서라벌은 전쟁의 소용돌이에 휘말려 있었고, 신라는 한 치 앞을 내다볼 수 없을 정도로 혼란스러워서 당나라와 고구려 전쟁에 눈을 돌릴 틈이 없었다.

봄을 알리는 비가 주룩주룩 쏟아졌다. 당 태종은 비를 피하지 않고 비옷을 입고서 말에 올라탄 채 군사들을 계속 이끌었다.

"군사들에게 따뜻한 밥을 먹게 하라!"

"힘없는 백성들에게는 피해를 주지 말라! 군사들은 백성들에게서 나물 한 가지도 얻어먹어서는 안 된다!"

"병든 군사가 있거든 정성껏 치료하라! 그리고 기회가 되거든 본국으로 돌아갈 수 있게 하라!"

당 태종은 군사와 백성들에게 따뜻하게 대했다.

"우리 황제께서는 정말 자애로우셔."

"군사들에게 이렇듯 따뜻하게 대해 주시는 황제를 위해서라도 우리는 반드시 승리해야 돼!"

당나라 군사들의 사기는 날로 높아 갔다.

당 태종은 군사들에게 군데군데에 황량대*를 만들라는 명을 내렸다.

이세적이 이끄는 선봉대가 4월에 기모성을 먼저 공략했

황량대는 모래를 쌓아 군량미가 쌓여 있는 것처럼 보이게 함으로써, 지구전이 펼쳐지더라도 군사의 양식이 넉넉하다는 것을 적군에게 보여 주는 위장 창고였다. 실제로 지금도 북경과 산해관 사이에는 황량대라 불리는 유적들이 많이 널려 있다.

반달 돌칼
부여 송국리에서 발견된 청동기 시대의 돌칼.
농경이 발달하면서 대규모 마을이 형성되었는
데, 사람들은 더 많은 생산물과 농경지를 확보
하기 위해 분쟁을 일으키기도 했다.
(국립중앙박물관 소장)

다. 그리고 수군을 거느
리고 평양으로 향한 장량
의 4만 군대는 비사성을
습격했다.

"비사성을 지켜라!"

"당나라군을 모조리 쓸
어 버려라!"

고구려군은 성을 굳게
지키며 수성 전략을 펼쳤
고, 당나라군과 고구려군
은 한 달가량 공방전을

지속했다. 그러나 결국 5월에 비사성은 장량의 손아귀에
들어가고 말았다.

"다음은 요동성이다!"

당나라군은 기세등등하게 요동성을 향해 달렸다.

"요동성은 수 양제가 여러 차례 공격했지만 끝내 빼앗지

못한 성이다! 요동성만 무너뜨리면 고구려는 모두 우리 당나라 것이 된다!"

상황은 고구려에 몹시 불리해지고 있었다. 다급해진 연개소문은 신성과 국내성의 4만 병력으로 하여금 요동성을 지원하게 하라는 명을 내렸다.

"당나라가 요동성을 치는 것을 뒤에서 방해하라!"

연개소문은 요동성을 구하기 위하여 보병과 기병대 4만 명을 보냈던 것이다.

요동성 주변은 깊은 연못으로 에워싸여 있었다. 요동성 안의 고구려 군사들은 성안을 굳게 지켰다.

"연못을 흙으로 메워라!"

당나라 군사들은 연못을 흙으로 메우고서 성을 넘을 계획을 세웠다.

"당나라 군사들이여! 조상의 원한을 갚을 때가 왔다! 그대들의 뛰어난 실력을 유감없이 발휘하라!"

당나라 군사들은 줄기차게 성을 공격했다. 포차(큰 돌을

날리는 대포)를 만들어서 성을 향해 끊임없이 돌을 날려
보냈다.

와르르! 꽝! 꽝!

성은 돌을 맞고 와르르 무너지기 시작했다. 그러나 고구
려군은 급히 성을 다시 쌓았다.

"화살로 고구려 군사들을 쏘는 것보다 돌로 성을 부수는
일에 더 힘을 쏟아라!"

"우리 고구려 군사들은 무너진 성을 빨리 다시 쌓고, 당
나라군이 한 명도 성안으로 들어오지 못하게 하라!"

당나라군과 고구려군은 한 치도 물러섬 없이 치고 막는
싸움을 계속했다.

하나로 뭉친 고구려

싸움은 날이 갈수록 치열해졌지만, 당나라군은 한 발자국도 성안으로 들어가지 못했다.

이번 싸움에서도 고구려군은 수성 전략으로 당나라군을 지치게 하고 있었던 것이다. 결국 당나라군은 요동성을 지원하기 위해 달려온 고구려군의 공격을 받고, 수천의 전사자를 내고 패주해야만 했다.

그러나 다시 이세적이 이끄는 당나라군 1만이 요동성을 에워쌌다. 그리고 당 태종이 이끄는 5만 병사가 요동성에 도착했다.

"모두 성안으로 들어가라!"

"성문을 단단히 닫고 수성 전략으로 맞서라!"

고구려군은 다시 성안으로 물러나 수성전을 펼쳤다.

"황제께서 직접 군사를 이끌고 요동성으로 달려오셨다!"

당나라군은 다시 기운을 내어 요동성을 공격했고, 요동성은 당나라군에 겹겹이 포위되고 말았다.

그러던 어느 날이었다.

갑자기 거친 바람이 불었다. 남쪽에서 거센 바람이 불어오고 있었던 것이다. 그 바람은 요동성을 향해 세차게 몰아쳤는데, 고구려군에는 불리한 바람이었다.

"하늘이 드디어 우리 당나라를 돕는다! 요동성을 향해 불화살을 쏘아라!"

"성벽을 헐어 내고 불화살을 날려라!"

기회를 만난 당나라군은 바람을 이용해 성안으로 불화살을 쏘아댔다.

"불을 꺼라!"

"불이 번지지 않게 서둘러 끄고, 당나라군이 성을 타고 오르지 못하게 막아라!"

116

고구려 군사와 백성은 필사적으로 대항했다. 그러나 불은 남풍을 안고 성을 순식간에 다 태웠다. 워낙 불길이 세어서 요동성은 불바다가 되고 말았다.

"요동성이 불바다가 됐다!"

"모두 성안으로 쳐들어가 요동성을 차지하라!"

당 태종이 군사들을 향해 외쳤다.

"와! 모두 성안으로 들어가라!"

"요동성을 빼앗아라!"

당나라군은 함성을 지르며 성안으로 쳐들어갔다. 그리고 대항하는 군사와 백성 1만 명을 죽였다. 당나라 군사가 공격을 시작한 지 12일 만에 요동성은 당나라군 손아귀에 들어가고 말았다.

그 무렵에 연개소문은 평양성에 있었다. 당나라군에 요동성을 빼앗겼다는 보고를 받은 연개소문은 크게 놀랐다.

"수백 년 동안 꿋꿋하게 지켜 낸 요동성을 적에게 빼앗기다니! 요동성이 무너졌으니 백암성도 무사할 수 없을 것이다."

연개소문은 백암성이 무너질 것을 염려했다. 그러나 한편으로는 백암성은 적이 쉽게 무너뜨릴 수 없는 요새라는 사실에 위안을 받았다.

"백암성은 산과 물에 둘러싸인 천연의 요새다. 당나라군도 쉽게 무너뜨릴 수 없을 것이다."

그러나 백암성을 지키던 손대음*은 벌 떼처럼 밀려오는 당나라 대군을 보고는 싸울 엄두를 내지 못하고, 심복을 보내어 당나라에 항복하겠다는 뜻을 전했다.

"백암성이 무너졌다. 이제 당나라군은 안시성으로 갈 것이다. 우리 고구려군은 안시성에서 이 전쟁을 승리로 이끌 것이다!"

연이어 요동성과 백암성을 무너뜨린 당나라군은 안시성을 향해 빠르게 진군했다.

손대음은 645년에 당나라의 태종이 고구려를 대대적으로 침공하였을 때, 고구려 서부 지방의 주요 방위성의 하나인 백암성 성주로 있었다. 손대음은 이세적과 태종이 양옆에서 공격해오자 지레 겁을 먹고 항복하고 말았다. 태종은 백암성을 암주(巖州)로 고친 후, 손대음을 자사(剌史)에 임명하였다.

연개소문은 북부 욕살 고연수[*]와 남부 욕살 고혜진[*]으로 하여금 말갈 군사와 고구려 군사 15만 명을 이끌고 안시성으로 향하게 했다.

"당나라군이 안시성을 공격할 때에 뒤를 공격하라!"

연개소문은 두 장수에게 당나라군의 뒤를 공격하라는 명령을 내렸다. 그러나 당 태종은 이미 연개소문의 작전을 눈치 채고 있었다.

"고연수와 고혜진이 군사를 이끌고 우리 뒤를 쫓아올 것이다. 우리는 계속 쫓겨 달아나는 척하다가 골짜기 깊은 곳에서 고구려군에 반격하라!"

당 태종은 고연수에게 사람을 보내어 회유 작전을 썼다.

"우리 당나라군은 고구려를 정벌하러 온 것이 결코 아니다. 우리는 다만 신하의 예절을 가르치기 위해 왔을 뿐이다. 지금이라도 고구려가 신하의 예를 갖춘다면 빼앗은 성

> 고연수와 고혜진은 645년에 당나라군이 안시성을 포위하자, 고구려와 말갈의 연합군 15만여 명을 이끌고 당나라군과 대항하던 중 당나라군의 계략에 말려 3만의 군사를 잃고 당나라에 항복했다.

을 모두 고구려에 되돌려 주고 물러날 것이다."

고연수는 당 태종의 말을 곧이곧대로 믿었다.

"당나라군은 우리 고구려를 정벌하지 않겠다고 굳게 약속했다. 지금이라도 신하의 예를 다한다면 당나라군은 고구려 땅에서 물러날 것이다."

고연수는 당 태종이 공격할 의사가 전혀 없다고 판단해 버렸던 것이다.

"감언이설에 넘어가서는 안 됩니다! 지금은 전투 중입니다. 어찌하여 적의 말을 귀담아들으십니까?"

주위의 장수들이 고연수에게

청동기 시대의 거울
전라남도 화순군 도곡면 대곡리에서 출토된 유물로 청동기 시대에 만들어진 거울이다. 동에 주석이 많이 혼합된 백동으로 만들었으며, 각선이 매우 섬세하다.(국립중앙박물관 소장)

120

항의를 했지만, 고연수는 싸움에 적극성을 보이지 않았다.

당 태종은 고연수가 회유책에 말려들었다고 판단하고서 설인귀*에게 공격 명령을 내렸다.

"어리석은 고연수 덕분에 쉽게 승리할 수 있게 되었다. 설인귀 장군은 군사를 이끌고 안시성을 공략하라!"

설인귀가 이끄는 당나라 기습병 2만6천 명은 고연수, 고혜진이 이끄는 군사와 안시성 40리 밖에서 마주쳤다.

설인귀는 군사를 골짜기에 흩어져 숨게 하고, 고구려 원병을 만나면 도망치는 척했다.

"당나라군이 안시성 쪽으로 달아난다. 적들이 안시성을 공격할 때에 뒤를 쳐라!"

고구려군은 계속 당나라군을 추적했고, 속았다는 것을 깨달았을 때는 이미 늦은 뒤였다.

골짜기로 깊숙이 고구려군을 유인한 당나라군은 갑자기 뒤로 돌아서서 고구려군을 공격했다. 숨어 있던 수많은 당

설인귀는 당 태종과 고종 시기에 활약한 장수다. 농민 출신으로 기마와 궁술에 뛰어났던 것으로 알려져 있다.

나라군도 몰려나와 고구려 원군을 완전히 포위해 버렸다. 당나라군의 급습을 받은 고구려군은 졸지에 혼란에 빠졌고, 3만 명의 군사가 피를 흘리며 숨을 거두었다.

"독 안의 쥐 신세로구나. 이렇게 빈틈없이 포위당했는데도 맞서 싸울 작정인가?"

설인귀는 항복을 요구했다. 결국 고연수와 고혜진은 직할 부대 3만6천을 이끌고 이세민에게 항복했고, 나머지 병력은 신성과 건안성으로 퇴각했다.

당나라군은 고구려 장수급 군사 3천5백여 명을 포로로 사로잡고, 말갈 군사 3천5백 명은 구덩이에 묻어 죽였으며, 말 5만 필과 소 5만 마리 등 무수한 물자를 손아귀에 넣었다.

"전쟁의 신이 우리를 돕고 있다!"

"고구려 원군을 모두 없앴으니 이제 고구려는 우리 영토가 된다!"

고구려를 공격한 이래 가장 큰 승리를 거둔 당나라군의

122

사기는 이루 말할 수 없이 높았다.

"이제 안시성만 무너뜨리면 끝이다!"

그 해 8월, 이세적이 이끄는 군사와 당 태종이 이끄는 군사들은 고구려군에 이긴 여세를 몰아 단숨에 안시성으로 쳐들어갔다.

안시성은 바다와 육지의 요충지였다. 군사가 많이 배치되어 있고 성이 높아 공격하기가 어려운 요새였다. 그리고 성안에는 항상 수십만 섬의 양식이 쌓여 있었다. 하지만 당나라군에 겹겹이 에워싸인 안시성은 완전히 고립된 채 난관에 봉착하고 말았다.

그 성을 지키는 양만춘은 지모와 용기가 뛰어났고, 군사들은 국경에서 일어난 여러 차례의 싸움으로 잘 단련되어 있었다. 또한 요동성보다 훨씬 튼튼했다.

8월이어서 비가 끊임없이 내렸다. 장맛비로 땅은 온통 진흙탕이었고, 몰아치는 비 때문에 눈도 제대로 뜰 수 없을 지경이었다.

그러나 당 태종은 자신만만했다.

안시성 위에는 수많은 깃발이 펄럭였고, 고구려 군사들은 함성을 지르고 북을 울리며 사기를 돋우고 있었다.

"너희가 항복하지 않으면 성이 함락되는 즉시 죽일 것이다!"

당 태종이 성을 향해 소리쳤다.

"너희가 항복하지 않으면 성에서 나가는 날 모두 죽일 것이다!"

성안의 양만춘도 소리쳤다.

"당장 성을 점령해서 나불대는 저놈의 주둥이를 뭉개 버리고 내 앞에 무릎 꿇게 하라!"

당 태종의 명령이 떨어졌다.

"와, 공격하라!"

"성을 점령하라!"

당나라 군사들이 물밀듯이 성벽을 타고 올라갔다.

"쏴라! 한 놈도 성안으로 들어오게 해서는 안 된다!"

고구려 군사와 백성들은 화살을 쏘고 돌을 던지고 뜨거운 물을 퍼부었다.

화살을 맞은 당나라 군사들이 비명을 지르며 죽어갔다. 양만춘의 뛰어난 용병술에 힘입어 안시성 군민들은 사기를 잃지 않았지만, 반대로 당나라군은 시간이 흐를수록 피로에 지쳐 사기를 잃어 갔다. 단 한 명의 군사도 안시성 안으로 들어가지 못하고 당나라군은 큰 피해를 입었다.

몇 천 명의 군사들이 목숨을 잃었지만 당 태종은 공격을 멈추지 않았다.

"성을 겹겹이 에워싸서 성안의 군사와 백성들이 굶주려 죽게 하라!"

당 태종은 고구려군이 다시 지구전을 펼치더라도 자신이 있었다. 먹을 식량이 충분하고, 군량미를 실은 배가 본국을 떠나 고구려로 향하고 있다고 여겼기 때문이다.

그러던 어느 날이었다. 안시성을 염탐하러 갔던 군사가 달려와 말했다.

"성안에 닭과 돼지들이 우는 소리가 요란합니다. 아마도 군사들이 닭과 돼지를 모조리 잡는 것 같습니다."

이 말을 들은 당 태종이 장수들에게 명령했다.

"드디어 안시성 안의 식량이 바닥난 모양이다. 닭 한 마리라도 아껴 먹어야 할 판에 저렇듯 모조리 죽이는 것을 보니 오늘 밤에 고구려군이 성밖으로 몰려나와 공격을 퍼부을 것이다. 모든 군사에게 전투 태세를 갖추게 하라!"

당 태종의 예상은 그대로 적중했다. 그날 밤, 고구려 군사들이 물밀듯이 성밖으로 달려나와 당나라군을 공격했다.

양만춘은 당나라군이 잠든 틈을 이용해 급습한다는 작전을 짰지만, 당 태종이 이 작전을 미리 눈치 채고 군사들에게 전투 명령을 내려놓고 있었다.

"무찔러라!"

"모두 물러서지 마라!"

고구려군은 당나라군을 맹렬하게 공격했지만, 오히려 당

나라 군사들에게 당하고 말았다.

"후퇴, 후퇴하라!"

"모두 성안으로 들어가 성문을 단단히 잠가라!"

고구려 군사들은 서둘러 성안으로 도망쳤다.

다음날부터 안시성은 다시 조용해졌다.

"나는 고구려군이 조용할 때면 기분이 몹시 나쁘구나!"

당 태종은 유령만 살고 있는 듯한 안시성을 노려보며 화를 냈다. 그리고 참다못해 공격 명령을 내렸다.

"공격하라! 성벽을 기어올라 고구려군을 무찌르고 성문을 활짝 열라!"

그러나 당나라군이 달려들자 유령의 성 같던 안시성에 횃불이 사방에서 밝혀지고, 기다리고 있었던 듯 고구려군이 벌 떼처럼 나타났다.

"끓는 기름을 퍼부어라!"

"불을 던져라!"

"돌로 내리쳐라!"

고구려군은 순식간에 당나라군을 수천 명이나 죽였다.

요동의 날씨는 하루가 다르게 차가워지고 있었다.

"겨울이 닥치면 말과 소, 양에게 먹일 풀이 사라진다. 서둘러 흙성을 쌓아라!"

당 태종은 안시성의 동남쪽에 흙성을 쌓게 했다. 흙으로 나뭇가지를 싸서 층층이 쌓아 올리고, 중간에 다섯 개의 길을 내어 군사들이 오가며 일을 할 수 있게 했다.

"당나라 군사들이 흙성을 쌓고 있다. 우리는 성벽을 더욱 높이 쌓아라!"

고구려 군사들은 힘을 모아 성을 높이 쌓았다.

"우리는 포차로 돌을 날려라!"

당나라 군사들이 흙둑을 쌓으면서 포차로 마구 돌을 쏘아댔다. 그러면 고구려 군사들은 무너진 성을 빠르게 다시 쌓았다. 무너지면 쌓고, 쌓으면 다시 무너뜨리는 치열한 싸움이 60여 일이나 계속되었다.

당나라군은 여기저기 나뒹구는 동료들의 시체를 팽개친

채 흙성을 쌓는 일에 온 힘을 쏟았다.

드디어 높이 쌓은 흙성이 완성되었다.

그러나 급하게 쌓은 데다 계속 내리는 비에 흙성의 한 귀퉁이가 무너져 내렸다. 양만춘은 기회를 놓치지 않았다.

"뛰쳐나가 흙성을 차지하고 충차와 포차 등 무기들을 모두 빼앗아라!"

드디어 고구려 군사들이 당나라군을 공격했다.

"고구려군의 공격이다!"

"한 걸음도 물러서지 말고 용감하게 싸워라!"

당나라군은 달려오는 고구려군과 맞서 싸우려 했지만 그럴 겨를이 없었다. 흙성을 쌓느라 지칠 대로 지친 데다, 손에는 활과 창 대신 삽과 괭이를 더 많이 들고 있었다.

결국 당나라군은 흙성을 빼앗기고, 수많은 충차와 포차 등 여러 무기도 빼앗기고 말았다.

"마지막 한 사람이 남을 때까지 용감하게 싸워라! 당나라군의 명예를 위해 원수들을 끝까지 무찔러라!"

당 태종이 군사들을 향해 호령을 했지만 그들은 이미 전의를 상실한 뒤였다.

9월이 지나면서 이미 추위가 몰아치고 있었다. 대륙의 벌판에는 풀이 마르고 물이 얼어붙기 시작했다.

당나라군은 본국을 떠날 때에 많은 양식을 가져왔지만, 몇 달을 지나는 동안 양식이 거의 다 떨어지고 있었다. 게다가 양식을 운반하던 배들이 모두 고구려 수군에 격파당했다는 소식이 당 태종에게 전해졌다.

"양식을 운반할 길이 없으니 어쩌면 좋단 말인가. 연개소문, 이놈! 네 놈이 내 숨통을 조이고 있구나!"

당 태종은 군사들의 식량을 구할 길이 없다는 것을 깨달았다. 제아무리 무예 실력이 뛰어난 군사들이라도 배고픔을 이길 수는 없었다. 또한 제아무리 군사를 이끄는 능력이 뛰어난 장수라 해도 배고픔에 시달리는 군사를 이끌기란 쉬운 일이 아니었다. 그런 데다 벌판은 하루가 다르게 꽁꽁 얼어붙고 있었다.

"수나라가 을지문덕에게 당했을 때와 똑같구나. 이 수치스러움을 어떻게 씻으랴."

당 태종은 결국 후퇴할 수밖에 없다고 생각했다.

"평양성까지 쳐내려가려 했건만 고작 고구려 국경 근처의 안시성에서 초라하게 돌아가야 된단 말인가."

당 태종은 한탄을 했다.

"더 머물러 있을수록 피해만 커질 뿐입니다."

"연개소문이 이곳으로 원병을 보내기 위해 힘이 세고 날쌘 군사들을 소집하고 있다는 소문이 들립니다."

장수들도 당 태종에게 퇴군해야 된다고 주장했다.

"할 수 없다. 더 추워지기 전에 퇴군한다!"

후퇴 준비를 서두르는 당나라군을 살피던 양만춘은 편지가 꽂힌 화살을 날렸다. 당 태종에게 보내는 편지였다.

'오랜 싸움으로 지쳤을 게다. 무사히 본국으로 잘 돌아가길 바란다!'

편지를 읽어 본 당 태종은 용감하고 활달한 양만춘의 성격이 마음에 들었다.

"비록 적이지만 훌륭한 장수로구나."

당 태종은 나중에 양만춘에게 비단 백 필을 보내 주었다.

당 태종이 후퇴할 기미를 보이자, 그동안 고구려군 전체를 총지휘하느라 후방에 머물러 있던 연개소문이 다른 명령을 내렸다.

"당나라군이 퇴군을 시작했다. 추정국 장군은 군사를 이끌고 안시성 동남쪽 좁은 골짜기에 매복했다가 당나라 군사를 무찌르고, 양만춘 장군은 성문을 열고 달려나와 당나라군을 공격하라!"

연개소문은 치밀하게 작전을 짰다. 그리고 작전대로 고구려군이 사방에서 몰려와 당나라군을 공격하기 시작했다.

"으악, 고구려군의 급습이다!"

"모두 죽음을 무릅쓰고 맞서 싸워라!"

당나라 군사는 느닷없는 급습에 놀라 우왕좌왕 어쩔 줄

을 몰라했다. 사람과 말이 서로 짓밟으며 도망치고 넘어지
느라 아수라장이 되었다. 당 태종은 앞장서서 군사를 지휘
하다가 양만춘이 쏜 화살에 눈을 맞고 말았다.

"후퇴! 후퇴하라!"

당 태종은 허겁지겁 군사들에게 후퇴 명령을 내렸다. 그
러다가 그만 말이 수렁에 빠지는 바람에 꼼짝못할 지경에
놓이고 말았다.

"당 태종이다! 붙잡아라!"

고구려 군사들이 한꺼번에 달려들었다.

수렁에 뛰어들어 당 태종에게 달려드는 고구려군을 막아
선 것은 설인귀였다.

"어서 말을 갈아타고 이곳을 빠져나가십시오!"

설인귀는 당 태종이 말을 바꿔 타고 수렁을 빠져나갈 수
있도록 고구려군을 완강하게 막아냈다.

양만춘과 연개소문은 계속 당 태종을 추격했다. 북쪽에
서는 고구려의 육군이 공격하고, 고구려의 수군은 비사성

일대에 주둔한 당나라 수군을 철저하게 봉쇄했다.

"늪 지대인 요택을 건너 퇴각하는 수밖에 없습니다!"

설인귀는 당 태종을 요택 쪽으로 달아나게 했다.

연개소문은 이미 당나라로 돌아갈 길을 모두 끊어 놓은 상태였다. 뒤에서는 양만춘이 군사를 이끌고 호랑이처럼 달려오고, 앞은 연개소문이 이끄는 군사들이 가로막고 있었다.

지금도 요하 하류는 비만 오면 강물이 범람해서 곳곳에 깊은 늪이 생긴다. 곳곳에 못이 많아 이 지역을 요택이라고 부른다.

설인귀는 사방을 고구려군이 에워쌌기 때문에 늪 지대 외에는 빠져나갈 곳이 없다고 판단했던 것이다.

당 태종은 1만 명의 군사들에게 진흙 길을 메우게 하고, 깊은 곳에서는 수레를 다리 삼아 건너게 했다.

"서둘러라! 고구려군이 몰려온다!"

당 태종은 직접 말채찍으로 나무를 묶어 군사들을 도울 정도로 마음이 다급했다. 그만큼 고구려군이 다른 때보다 공격적이었던 것이다.

눈바람이 크게 일어 눈앞이 안 보일 정도로 어두컴컴해졌다. 한 치 앞도 내다볼 수 없을 지경으로 눈보라가 휘몰아쳤다. 많은 군사들이 얼어 죽었다.

당 태종은 하늘을 우러르며 탄식했다.

"내 곁에 위징*이 있었다면 나로 하여금 고구려 원정을 절대 못하게 막았을 텐데……."

당 태종은 세상을 떠난 위징을 그리워할 만큼 고구려 정벌을 후회했다.

퇴각하던 당 태종은 만리장성 끝에 있는 임유관에서 태자 마중을 받고 처음으로 옷을 갈아입었다.

위징은 당나라 초기의 공신이자 학자다. 수나라 말 혼란기에 이밀의 군대에 참가하였으나, 곧 당 고조에게 귀순하여 고조의 장자인 이건성의 유력한 측근이 되었다. 황태자인 건성이 아우인 세민(후의 태종)과의 경쟁에서 패하였으나, 위징의 인격에 끌린 태종의 부름을 받아 간의대부 등 요직을 역임한 후에 재상으로 중용되었다.

135

많은 학자들은 고구려군이 만리장성 너머 북경까지 당 태종을 추격했다고 주장한다. 그만큼 연개소문의 추격과 당 태종의 퇴각이 긴박했던 것이다.

"요동에 일찍 추위가 닥쳐 풀은 마르고 물이 얼어 사람과 말이 오래 머물기 어렵고, 또한 식량이 다했으므로 철군한다!"

당 태종은 철군 이유를 궁색한 변명으로 얼버무렸지만, 비로소 정천숙이 고구려 공략을 만류했던 이유를 이해하고 있었다.

"요동은 길이 멀어 군량을 실어 나르기가 어렵고, 동이는 수성을 잘해서 쉽사리 함락하지 못할 것이라고 했던 정천숙의 말이 제대로 맞아떨어졌구나."

당나라군은 퇴로에서 많은 동사자가 발생해 더 많은 군사를 잃어야 했고, 이로 인해 군사들이 한꺼번에 몰사하는 상황에 처하기도 했다.

당나라는 요동성, 백암성 등 몇 개의 성을 빼앗고 포로 7만 명을 사로잡았지만, 그보다 더 큰 피해를 입은 채 또 한 번 패배하고 만 셈이었다.

돋은 띠무늬 토기
청동기 시대의 토기. 당시 사람들이 식기로 쓰거나 조리할 때에 사용했던 토기들과 함께 곡물을
저장하기 위해 만든 것으로 보이는 큰 토기들이 출토되어 당시의 음식 조리 기법이나 저장 방법,
의례 등의 사회상을 파악할 수 있게 해 준다.(국립중앙박물관 소장)

승리한 고구려, 패배한 당나라

당나라 군사가 완전히 퇴각한 뒤, 당 태종은 연개소문에게 활과 옷을 보내어 승리를 축하해 주었다. 그러나 그 선물 속에는 비록 이번에는 당나라가 패전해서 고구려 승리를 축하해 주지만, 다음에는 반드시 고구려를 정복하고 말겠다는 야심이 담겨 있었다.

당 태종은 10월에 중국 땅으로 돌아왔다. 고구려를 정벌하기 위해 군사를 일으킨 지 11개월 만이었다.

만약에 연개소문이 당나라군을 막아 내지 못했다면 당나라군은 압록강을 건너 육지와 바다를 통해 평양을 공격한 뒤, 고구려를 완전히 짓밟았을 것이다.

이 전쟁으로 당나라와 고구려는 엄청난 힘을 소모했다.

"이제 더 이상 당나라와 전쟁을 해서는 안 된다."

이렇게 생각한 고구려는 당나라와 화친을 맺기를 원했다. 그러나 당 태종은 고구려의 요구를 거절했다.

"나는 죽기 전에 반드시 고구려 땅을 짓밟을 것이다!"

당 태종은 패배를 설욕하기 위해 다시금 고구려를 치려는 계획을 세웠다.

"더는 전쟁을 일으켜서는 안 됩니다!"

"고구려를 정복하는 일은 포기하셔야 합니다!"

"백성의 원망 소리를 귀담아들어야 합니다!"

대신들이 당 태종의 고구려 정복 계획을 반대했다.

"에잇! 정말 귀찮은 대신들이로구나! 그렇다고 고구려에 대한 설욕전을 포기할 수는 없다!"

당 태종은 대신들의 반대에 부딪혀 대군을 일으키지는 못했지만, 1만 명 이하의 병력을 동원하여 고구려를 공격하며 소모전을 펼쳤다. 잦은 공격으로 고구려의 힘을 소모시킨 뒤에 대대적인 공격을 퍼부으려는 작전이었다.

그리고 또 한 번의 고구려 침략을 위해, 강남의 12주에서 기술자들을 동원해서 대대적인 전함 축조 작업을 시작했다.

"이번에는 전술을 바꿔 중간 지대인 오골성과 압록강 언저리를 연달아 공격할 것이다!"

당 태종은 648년 정월에 설만철에게 군사 3만을 내주고, 전함을 동원하여 평양으로 향하게 했다.

"수군은 바다를 통해 압록강으로 내달아라!"

그러나 당나라 군사 3만 명이 압록강을 건너왔지만, 연개소문이 이끄는 군사들에게 패해 배와 군사만 잃고 후퇴하고 말았다.

"정말 지독한 놈이로구나! 연개소문, 이놈! 반드시 너를 잡아 죽이고 말 것이다!"

당 태종은 분을 이기지 못했다.

"30만 군사를 이끌고 다시 고구려를 공격할 것이다!"

팔두령 동구
전남 화순군 도독면 대곡리에서 출토된 청동기 시대의 의기. 8능형 구에 방울을 하나씩 달았다.
(국립중앙박물관 소장)

당 태종은 649년에 30만 병력을 동원하여 고구려를 치려는 계획을 수립했다.

그러나 1년 만에 숨을 거두고 말았다. 고구려와 전쟁을 벌인 뒤 4년 만이었다. 안시성 싸움에서 양만춘이 쏜 독화살의 독이 온몸으로 퍼져 생명을 잃고 만 것이었다.

당 태종은 눈을 감기 전에 유언을 남겼다.

"고구려를 치는 것은 고구려의 기세만 높여 주게 되니, 이제 고구려 정벌은 그만두어라."

당 태종의 뒤를 이어 고종이 왕위에 올랐다. 당 태종의 유언으로 고구려와 당나라는 일시적인 휴전 상태에 돌입했다.

그러나 휴전 상태가 지속되는 상황에서도 한반도에서는 여전히 전쟁이 이어졌다.

"신라를 반드시 없애고 말 것이다!"

고구려는 백제와 손을 잡고 지속적으로 신라를 공격했다.

"신라를 초토화시켜라!"

"두 번 다시 당나라의 앞잡이 노릇을 못하게 신라 땅을 짓밟아라!"

신라는 백제와 고구려군의 협공에 밀려 23개의 성을 잃어야 했다.

"큰일났구나! 서둘러 당나라에 사신을 파견하여 원군을 요청하도록 하라!"

다급해진 신라의 무열왕(김춘추)은 655년 정월에 당나라로 사신을 급파했다.

"신라를 도와주십시오. 신라가 무너지게 내버려둘 작정이십니까?"

신라는 원군을 보내줄 것을 간절하게 청해고, 당나라는 신라의 청을 들어주었다.

"신라를 지켜야 한다! 신라가 무너지면 우리 당나라가 위험해진다! 고구려를 다시 공격해서 신라를 구하라!"

신라의 요청을 받은 당나라는 그 해 2월에 영주 도독 정명진과 좌위 중랑장 소정방*에게 군사를 내주어 고구려를 공격하게 했다.

당나라군은 5월에 요수를 건너 고구려군과 대치했다. 그러나 당나라군은 오랜 전쟁으로 지쳐 있었고, 싸울 의욕 없이 고구려군과 대치하다가 패배하여 퇴각했다.

그 뒤에도 정명진과 중랑장 설인귀가 군사를 이끌고 고구려를 침략했지만 역시 크게 패하고 돌아갔다.

"뭐라고! 고구려군에게 당했다고! 정말 화가 나서 견딜 수가 없구나! 다시 군사를 일으켜 고구려를 물리치고 싶은

소정방은 중국 당나라 때의 장군이다. 660년에 13만 명의 군사를 이끌고 백제의 사비성을 공격해 함락시키고, 의자왕과 태자인 융을 사로잡았다. 그 후 661년에 신라군과 함께 고구려를 치기 위해 평양성을 에워싸고 공격했으나, 싸움에서 패해 당나라로 돌아갔다.

생각이 굴뚝 같지만 그럴 수도 없으니 답답하구나!"

그러나 망설이는 당 고종에게 고구려 정벌을 부추긴 것은 신라와 고종의 아내인 측천무후*였다.

측천무후는 뛰어난 정치 능력을 지니고 있었다. 당 태종에게서 정치를 배웠고, 고구려 원정 실패도 정확하게 지켜보았다. 측천무후는 고종을 부추겨 백제를 멸망시키고 고구려를 고립시킨 뒤에, 이어서 신라의 군사와 군량미를 동원해 고구려를 양쪽에서 공격해야 된다는 전략 전술을 짰다.

"신라를 이용하면 군량미를 얼마든지 해결할 수 있으니 이번에는 반드시 승리할 수 있을 것입니다."

측천무후는 신라와 동맹해서 합동 작전을 하게 된다면, 고구려의 전통적인 수성 전략은 그 힘을 잃을 수밖에 없음을 잘 알고 있었다.

측천무후는 중국에서 여성으로서 유일하게 황제가 되었던 인물로 당 고종의 황후였지만, 690년에 국호를 주(周)로 고치고 스스로 황제가 되어 15년 동안 중국을 통치하였다.

"고구려 군사력의 비밀과 한계는 수성 전략이 전부일 뿐이다. 신라가 우리를 돕는다면 우리 당나라는 아주 손쉽게 고구려를 무너뜨릴 수 있다!"

그동안 신라는 살아남기 위해 해마다 당나라에 사신을 보내어 당의 환심을 사려고 노력했다.

"신라의 휘장과 복식을 당의 것으로 바꾸겠습니다."

"신라의 연호를 버리고 당의 연호를 사용하겠습니다."

결국 649년 정월부터 신라의 백관이 모두 중국 의관을 착용하였고, 650년부터는 당의 연호를 쓰고 있었다.

"당나라가 고구려와 백제를 정벌해 주면 반드시 제후의 예를 다할 것입니다."

신라는 당 태종이 세상을 뜨고 당 고종이 왕의 자리에 앉은 뒤에도 고구려 정벌을 끊임없이 요구하고 있었다.

백제의 멸망과 위험에 빠진 고구려

659년 11월에 당나라는 설인귀를 앞세워 다시 고구려 침략에 나섰다. 그리고 이듬해 6월에는 소정방이 군사 13만을 거느리고 신라와 함께 백제 공략에 나섰다.

백제의 운명이 달린 전투가 시작되었던 것이다.

김유신이 이끄는 신라군은 황산벌을 거쳐 사비성으로 향하고, 소정방이 이끄는 부대는 서해를 건너 금강과 백마강으로 들어오기로 했다.

"죽기를 각오하고 싸워라! 우리에게 백제의 운명이 달려 있다. 우리가 패한다면 백제는 망한다!"

백제를 살리기 위해 마지막까지 혈전을 벌인 것은 계백이었다. 그러나 계백은 황산벌에서 5천 명의 군사를 이끌고 신라군을 막았지만, 5만 명이 넘는 신라군에 패하고 말았다.

13만 명이 넘는 당나라군은 백마강에 상륙한 뒤에 사비성을 함락시키고, 의자왕과 태자인 융을 사로잡았다. 이렇게 백제는 당나라와 신라의 연합 작전에 휘말려 역사 속으로 사라지고 말았다.

당나라는 백제 땅에 다섯 도독부를 두고서 직접 통치하려 했다.

"당나라가 우리 신라를 배신했구나!"

신라는 분통이 터졌지만, 고구려를 공격하기 위해서는 당나라의 비위를 건드릴 수가 없었다.

백제의 사비성이 함락되었다는 보고가 연개소문의 귀에 들어갔다.

"사비성이 함락되었다고! 사비성이 신라와 당나라군 손아귀에 들어갔다면 고구려 또한 위험하다!"

연개소문은 당나라가 백제의 사비성을 통치하기 위해 군

사 1만 명을 남겨 두고 돌아갔다는 말을 듣고 큰 충격에 빠졌다.

"당나라는 지금은 신라와 손을 잡고 있지만, 언젠가는 신라와 고구려 모두 당나라 영토로 만들려는 계략이다!"

이듬해인 661년, 백제를 무너뜨린 나당 연합군은 그 여세를 몰아 고구려로 향했다. 이 소식을 들은 연개소문은 신라의 군력을 소모시키기 위해 신라의 칠중성을 먼저 공격했다.

"신라가 당나라를 돕지 못하게 칠중성을 무너뜨려라!"

고구려가 신라 공격을 감행하자 소정방이 이끌던 나당 연합군은 대동강의 하평양을 향해 진군했다.

"고구려가 신라를 선제 공격하지 못하게, 67개 주에서 4만4천의 병력을 징발하여 고구려의 대륙 쪽 변방을 공격하라!"

나당 연합군은 대대적으로 고구려의 대륙을 공격함으로써 고구려가 신라를 선제 공격하지 못하게 하려는 작전을 썼던 것이다.

그 무렵에 백제의 왕자인 부여 풍을 위시한 백제 부흥군이 나당 연합군에 빼앗긴 백제 땅의 서북부 일원을 회복하고, 나당 연합군의 후미를 쳤다.

"신라군은 다시 남진하여 백제군과 맞서라!"

연개소문은 신라군이 백제군과 맞서기 위해 남진을 한 틈을 놓치지 않았다.

"서북 변방에 병력을 집결시켜라! 신라군이 빠졌다! 이제 당나라군만 몰아내면 된다!"

고구려군은 죽음을 무릅쓰고 항전을 했고, 결국 4만4천의 당나라군은 크게 패하고 말았다.

"이깟 패배로 우리 당나라가 물러날 것 같으냐! 다시 고구려를 공격한다!"

분을 이기지 못한 당 고종은 다시 그 해 4월에 대병력을 이끌고 육군과 수군의 양동 작전을 펼치며, 평양을 향해 진군했다.

하지만 이번에도 연개소문의 지휘를 받으며 청야 작전과 수성 작전으로 맞서는 고구려군을 이길 수가 없었다.

거듭되는 패배로 당나라 조정에서는 고구려와 휴전해야 한다는 여론이 강하게 일어났다. 이 여론에 밀린 당 고종은 일시적으로 고구려 공략을 중지했다.

"3년간 휴전 기간을 갖자!"

마침내 고구려와 당나라는 3년간의 휴전 협정을 맺고 전쟁을 멈추었다.

"만세! 우리가 이겼다!"

"당나라 군사들이 물러갔다!"

고구려인들은 또 한 번의 승리에 얼싸안고 기뻐했다. 용맹스러운 고구려 군사와 백성이 한 몸처럼 연개소문의 작전을 따르며 전쟁을 승리로 이끌었던 것이다.

당나라군이 주춤한 사이에 연개소문은 또다시 신라 공략에 나섰다.

"당나라를 도와 한 민족을 말살시키려는 신라를 결코 용

서하지 않을 것이다! 뇌음신은 군사를 이끌고 신라의 북한
산성을 공격하라!"

하지만 연일 장마가 계속되는 바람에 뇌음신은 북한산성
을 함락하지 못하고 퇴각해야 했다.

고구려가 다시 신라를 공략하자, 그 해 8월에 소정방은
10만 대군을 선단에 태우고 보장왕이 머물고 있는 대동강
의 하평양으로 진군했다.

당나라 수군은 이 대동강을 무사히 넘어 평양성을 포위
하였다.

"드디어 평양성을 포위했다! 천하의 연개소문도 이제 독
안에 든 쥐다!"

처음으로 평양성을 포위한 당나라 군사들은 총공격을 퍼
부었다. 신라에서는 식량을 보내고 지원병을 투입했다. 당
나라와 신라가 협공을 펼쳤지만 고구려의 평양성은 꿈쩍
도 하지 않았다. 연개소문의 지시를 받으며 군사와 백성은
성을 굳게 지켰다.

가을이 끝나고 겨울이 시작되고 있었다. 그 해 겨울의 추위는 다른 해와 달리 더욱 혹독했다. 당나라군이 가장 끔찍하게 여기는 것은 고구려군이 아니었다. 살을 에는 듯한 추위였다.

평양성의 공방전이 계속되는 사이에 서쪽에서는 당 고종이 보낸 당나라군이 요수(난하)를 넘어 압록수(랴오허)를 향해 밀려왔다. 연개소문은 장남인 연남생에게 수만의 군사를 내주고 압록수를 지키게 했다.

"당나라군이 압록수를 넘어 쳐들어왔다!"

연남생은 군사를 이끌고 당나라군과 맞섰다. 결국 당나라군은 연남생이 이끄는 고구려군에 밀려 퇴각하였다.

이렇게 패배를 거듭하면서도 당나라는 고구려 공격을 멈추지 않았고, 665년 정월에는 방효태를 앞세워 다시 고구려를 침략했다.

그러나 방효태는 연개소문이 이끄는 고구려군과 사수 언덕에서 혈전을 벌이다 열세 명의 아들과 함께 몰살당하고 말았다.

소정방은 여전히 평양성을 포위하고서 성을 함락하기 위해 전면전을 펼치고 있었다. 하지만 갑자기 폭설이 쏟아지는 바람에 포위를 풀고 황급히 퇴각해야만 했다.

"당나라군이 퇴각한다! 모두 성에서 뛰쳐나가 당나라군을 쳐라!"

당나라군이 철군을 서두르자 고구려군은 바짝 그 뒤를 쫓았다.

"고구려 국경을 두 번 다시 넘어오지 못하게 할 것이다!"

고구려의 군사와 백성은 연개소문의 지휘를 받으며 달아나는 당나라군을 물리쳐 크게 승리를 거두었다.

고구려의 승리로 당나라가 치명적으로 패배했음은 물론, 김유신이 지휘하던 신라군도 엄청난 타격을 입었다.

그러나 살아남은 당나라군은 신라의 김유신이 이끄는 결사대가 마지막까지 식량을 보급해 줘서 무사히 돌아갈 수 있었다. 신라의 보급 작전으로 당나라군은 더 큰 손실 없이 돌아갈 수 있었던 것이다.

계속되는 전쟁으로 고구려와 신라, 당나라는 너무도 지쳐 있었다.

고구려 역시 싸움에서는 이겼지만 나라 안 사정이 말이 아니었다. 해마다 흉년이 들어 창고가 텅 비었고, 백성들은 굶주림에 시달리며 곤궁하게 살아야 했다.

더 심각한 것은 나라 안의 내분이었다. 연개소문에게는 세 아들이 있었다. 연남생*, 연남건*, 연남산*은 서로 권력을 쥐기 위해 세력 다툼을 벌였다.

· 연남생은 고구려의 재상. 연개소문이 숨을 거둔 뒤 대막리지에 올라 전국을 순시하러 떠난 사이에 아우인 연남건이 스스로 막리지의 자리에 오르자, 당나라에 구원을 요청하였다. 그리고 당나라에 항복한 뒤에 신라와 손잡고서 고구려를 공격해 멸망시켰다.

· 연남건은 고구려 말기의 재상. 아버지인 연개소문이 죽자 형인 연남생을 몰아내고 막리지가 되었으나, 연남생이 구원을 요청한 당나라에 의해 저지되었다. 당나라에 끌려가 유배되었다.

· 연남산은 고구려의 무신. 연개소문의 삼 형제 중 막내. 668년(보장왕 27년)에 형인 막리지 연남건과 함께 평양성에서 나당 연합군을 맞아 한 달 남짓 싸운 끝에 패배하였다. 보장왕과 함께 당나라 장안으로 끌려갔다. 중국 허난성 뤄양 북쪽에 묘지가 있다.

연개소문의 죽음과 고구려의 멸망

오랜 전쟁에 시달린 연개소문은 깊은 병이 들고 말았다.

연개소문은 세 아들을 불러 놓고 간곡하게 부탁했다.

"너희는 물과 고기처럼 화목하게 지내야 한다. 그렇지 않으면 남에게 비웃음을 살 뿐만 아니라 고구려까지 망치게 된다. 셋이 힘을 합쳐 내 뒤를 이어 반드시 고구려를 지켜 다오."

연개소문은 자신에게 모든 것이 집중되어 있는 고구려의 앞날을 염려했던 것이다.

"너희 삼 형제는 모두 야망이 크다. 자신의 야망을 채우려고 욕심을 부린다면 반드시 내전이 일어나고 말 것이다. 내전이란 어떤 적보다도 무서운 적이다. 너희 스스로의 몸에 상처를 내는 것과 다를 바가 없다. 설사 이긴다고 해도 스스로 만든 상처는 잘 아물지 않고, 그 후유증은 나라를 위험에 빠뜨릴 수도 있다."

연개소문의 당부와 달리, 삼 형제는 연개소문이 세상을 뜨자 곧바로 세력 다툼을 벌였다. 서로 원수가 되어 나라를 구렁텅이로 몰아넣었던 것이다. 연개소문의 염려대로 고구려는 내부 분열로 서서히 무너져 내리고 있었다.

연개소문이 죽자 그의 맏아들인 연남생이 막리지 지위를 잇고 조정을 장악했다.

"흥, 왜 형이 모든 권력을 움켜쥐어야 하지?"

"우리도 아버님을 도와 나라를 위해 많은 노력을 했으니 당연히 그 공이 있어야 하는 것 아니겠어?"

연남건과 연남산은 연남생의 권력 독식에 강한 불만을 품었다.

"형이 변방을 순행하는 사이 왕명을 빙자해서 그 측근을 없애고, 형을 소환하도록 하자!"

연남건과 연남산은 연남생이 변방을 순시하는 틈을 노려 반란을 일으킬 계획을 세웠다. 그러나 이 소식이 연남생의 귀에 들어가고 말았고, 생명의 위협을 느낀 연남생은 국내 성에 몸을 숨기고 아들을 급히 당나라로 보내어 당나라에 망명하겠다는 뜻을 전했다.

"내가 당나라를 위해 일한다면 장차 당나라는 천군만마 를 얻는 것과 다를 게 없을 것입니다."

당나라는 고구려의 내분을 크게 반겼다.

"피 흘리며 싸울 필요도 없이 고구려를 무너뜨릴 수 있 게 되었다. 연개소문에게 모든 권력이 집중되어 있어서, 고구려는 왕을 비롯해 어느 누구도 힘을 쓰지 못하고 있 다. 연개소문을 따라 큰 전투에 참가해서 우리 당나라를 괴롭혔던 연남생이 우리 당나라 신하가 된다면, 우리는 피 한 방울 흘리지 않고 고구려를 정복할 수 있다!"

당나라는 고구려를 탈출해 당나라로 망명한 연남생을 요 동 대도독으로 삼아, 요동의 책임자로 임명했다.

고구려의 보장왕은 연남건을 막리지로 삼고 조정을 재편
했지만 이미 연남생의 측근이 대다수 제거되어 조정이 몹
시 어수선했다.

"형을 몰아내고 막리지 자리에 앉은 연남건을 따를 수야
없지!"

"연개소문이 혼자 권력을 거머쥐고 있더니 결국은 아들
놈들이 나라를 말아먹고 있지 않은가."

백성은 모두 왕과 연남건에게서 등을 돌렸다.

"이때다! 지금이야말로 고구려를 칠 절호의 기회다!"

당 고종은 연남
생을 앞세우고
이적, 설필하력,
학처준, 백안륙
등으로 하여금
대군을 이끌고
고구려를 치게

마한 왕궁 터
전라북도 익산군 왕궁면 궁평리의 마한 왕궁 터. 한강 이남,
반도 서부에 위치했던 마한은 50여 개의 소국으로 성립되었는
데 그 중 목지국이 주도권을 잡고 주위의 소국들을 지배했다.
바위들은 왕궁의 주춧돌로 쓰였다.

했다.

"어이쿠! 당나라군이 몰려오고 있으니 살길을 찾아야 되겠구나!"

당나라 대군이 고구려를 공격해 오고 있다는 소식을 들은, 연개소문의 동생인 연정토*는 한반도 쪽 12개 성을 가지고 서둘러 신라에 투항해 버렸다.

"뭐라고! 삼촌이 신라에 투항했다고!"

연정토의 투항은 고구려만이 아니라 연남건에게도 큰 타격이었다.

고구려가 혼란에 빠져 아수라장이 된 사이에 당나라군은 남소성(삼국 시대에 중국 둥베이 지방 남산성자에 있던 고구려의 성) 등 세 개의 성을 빼앗았다.

"임금의 친아들과 친동생이 남의 나라로 귀화한 것은 고구려의 지배 세력이 철저하게 무너졌다는 것을 의미한다."

연정토는 연개소문의 동생이다. 666년(보장왕 25년)에 연개소문이 죽자 그의 아들 삼 형제 사이에 분쟁이 일어났다. 남생이 당나라에 항복하자 연정토는 내외 정세가 고구려에 불리함을 깨닫고 12성 763호 3,543명과 종자 24명을 데리고 신라에 항복하였다. 신라 문무왕로부터 생활 보장을 받고 도성 주변에서 편안히 살다가, 668년에 사신으로 당나라에 건너간 뒤에 돌아오지 않았다.

신라는 667년 여름에 당나라에서 징발령을 내리자, 군사를 총동원하여 당나라군의 식량을 싣고 대동강 쪽으로 진격했다.

고구려의 부여성과 주변의 40여 개 성들이 순식간에 함락되었다.

"이번만은 반드시 고구려를 없앨 수 있다!"

당나라군이 그토록 자신만만해 했던 것은 신라가 공급하는 군량미 때문이었다.

"우리는 신라라는 보급 기지를 확보하고 있다. 이제 고구려는 변변한 저항 한 번 해 보지도 못하고 함락되고 말 것이다!"

그동안 고구려는 적이 쳐들어오면 들판의 곡식을 모두 불태우거나 없애고, 우물을 돌로 막고 마을에 있는 모든 식량과 가축을 성안으로 옮기게 해서, 적이 굶어 죽거나 지칠 때까지 기다렸다가 공격을 하는 청야 전술을 썼다. 그런데 이번에는 신라군이 군량미를 공급해 주었기 때문에, 고구려군이 제아무리 성안에서 꿋꿋하게 버티고 있어도 전쟁은 계속될 수 있었다.

결국 고구려는 별 저항도 시도하지 못한 채 평양성이 함락되고 말았다.

"신라가 당나라를 도와서 우리 고구려는 더 이상 버틸 수가 없다. 우리 고구려는 패배했다!"

마침내 보장왕은 당나라에 항복의 뜻을 전했다.

"항복이라니요! 고구려 백성과 돌아가신 아버님께서 죽음을 무릅쓰고 지켜 온 땅입니다. 항복한다면 하늘에 계신 아버님도 절대 용서하지 않을 것입니다. 죽기를 각오하고 당나라군과 맞서 싸워 평양성을 지켜야 합니다!"

연남건은 성문을 굳게 닫고 당나라군과 계속 싸울 것을 주장했다. 그러나 물밀듯이 몰려오는 당나라군과 맞서기에는 모든 것이 역부족이었다.

"우리가 평양성 문을 열고 당나라군과 신라군을 맞이해야 되겠다!"

연남건의 부하인 오사와 신성, 요묘는 이적(당나라의 무장)과 내통하고 평양성 문을 활짝 열어 주었다.

"평양성이 열렸다!"

"모두 성안으로 들어가 남김없이 불태워라!"

평양성은 순식간에 당나라군의 발에 짓밟혀 쑥대밭으로 변하고 말았다.

신라 진흥왕 순수비
북한산 서남쪽 해발 556미터 비봉 정상에 있다. 진흥왕이 백제를 무찌르고 한강 유역을 점령한 뒤, 새 영토를 두루 순행하고서 이를 기념하기 위해 건립했다.

668면 9월 26일, 보장왕과 연남건과 고구려의 대신들은 당나라 장수인 이적 앞에 끌려 나가 무릎을 세 번 꿇고서 절하고, 아홉 번 고개를 조아렸다. 당나라는 50년간 국력을 기울여 끊임없이 시도한 고구려 정복을 마침내 성공했다. 연개소문이 세상을 떠난 지 3년 만이었다.

"고구려가 망하다니!"

"이럴 수가! 대제국 고구려가 이렇게 하루아침에 망할 수가 있단 말인가?"

보장왕의 항복은 고구려 백성에게 큰 충격이었다.

"신라의 보급 작전이 없었다면 이날의 승리는 없었을 것이다! 드디어 선제의 원한을 오늘에서야 속 시원히 갚았구나!"

당나라는 온통 축제 분위기에 휩싸였다. 신라의 문무왕은 당나라군의 설인귀에게 서한을 보내어, 이 전투의 승리에는 신라의 공이 컸음을 주장했다.

'신라의 백성은 풀뿌리도 오히려 모자랄 정도로 궁핍하게 지냈지만, 웅진의 한병(당나라군)들은 식량의 여유가 있었다. 당의 군사들은 비록 피골은 중국에서 태어났으나 피와 살은 모두 우리 신라가 길렀다.'

보장왕은 항복을 선언하고 연남생, 연남산 등과 함께 장안으로 끌려갔다.

"아, 우리 고구려가 영원히 사라지고 만단 말인가. 내 무능함이 크도다. 연개소문의 지배하에 고구려가 한데 뭉쳐 당나라군을 몰아냈지만, 결국은 나라를 멸망의 길로 들어서게 했구나……."

당나라로 끌려가던 보장왕의 탄식은 곧 고구려 백성의 탄식이기도 했다.

연개소문의 아들인 연남생과 두 동생 사이의 갈등과 분쟁은 『삼국사기』에 자세하게 나와 있다. 『자치통감』의 기록을 보면 고구려의 내분이 당에 알려진 것이 666년 5월이고, 좌효위 대장군인 글필하력에게 군대를 주어서 위기에 처한 남생을 구원하게 한 것은 다음달이었다.

결국 형제간의 내전은 666년 초에 시작된 것으로 보인다. 『삼국사기』〈고구려 본기〉에는 그 연남생이 내전에서 패하고 당나라로 도망쳤다고만 기록되어 있지만, 〈연남생 묘비〉에는 국내성 등 6개 성과 10여 만 호를 이끌고 당에 귀순했다고 나와 있다.

또한 목저성 등 3개 성도 연남생을 따랐다고 나와 있다.

다음해인 667년 9월에 이세적이 신성을 함락한 이후 설인귀가 남소성과 목저성, 창암성을 함락하고 국내성에 있는 연남생의 군대와 합류했다는 기록으로 보아, 연남생이 직접 당으로 가지는 않았을 가능성도 있다. 아니면 연남생이 직접 장안으로 가서 평양도 행군 대총관 겸 사지절안무 대사라는 관직을 받고 돌아왔을 가능성도 있다고 추측하고 있다.

고구려군은 이미 대세가 기울어 회복될 기미가 없는데도 여전히 패배를 인정하지 않고 여기저기에서 당나라군과 맞섰다. 당나라군은 장안으로 압송한 보장왕을 평양에 설치한 안동 도호부에 머물게 했다. 이러는 가운데 670년에 검모잠이 신라로 망명해 있던 보장왕의 외손자인 안순을 고구려 왕으로 세우고 고구려 부흥 운동을 전개했다. 하지만 검모잠과 안순 사이에 갈등이 생겨 안순이 검모잠을 죽이고, 결국 고구려 부흥군의 세력은 날로 힘을 잃어 갔다. 또한 671년에는 그때까지 저항을 계속하던 안시성이 무너지면서 고구려 부흥군의 활약도 막바지에 이르렀고, 672년 5월에 당나라의 대대적인 공략에 밀려 결국 고구려의 잔여 병력은 대부분 신라에 투항하기에 이르렀다.

그때까지 안동 도호부에 머물던 보장왕은 고구려의 재건을 노리며 말갈과 함께 힘을 합쳐 군사를 일으킬 계획을 세웠다. 그러나 이 계획은 사전에 탄로나고 말았다.

"감히 은혜를 원수로 갚으려 하다니!"

당나라 조정은 681년에 보장왕을 양주(지금의 사천성 공주)로 유배 보냈다. 보장왕은 682년에 사망했고, 보장왕의 사망으로 고구려는 영원히 역사 속으로 사라지고 말았다.

고구려의 멸망 이후 고구려 부흥군의 투쟁을 나타내는 자료는 그다지 많지 않다.

'함형(咸亨) 원년인 경오년(670년) 여름 4월에 이르러 검모잠이 나라를 부흥하려고 당나라를 배반하여, 왕의 외손인 안순을 세워 임금으로 삼았다. 당나라 고종이 대장군인 고간을 보내어 그들을 토벌하니, 안순은 검모잠을 죽이고 신라로 달아났다.(『삼국사기』〈고구려 본기〉기록 중)'

'6월에 고구려 수임성 사람인 대형 모잠이 유민들을 모아 궁모성으로부터 패강 남쪽에 이르러, 당나라 관리와 승려인 법안 등을 죽이고 신라로 향하였다. 서해 사야도에 이르러 고구려 대신, 연정토의 아들인 안승을 만나 한성 안으로 맞아들이고서 받들어 임금으로 삼았다. 그리고 소형(小兄)인 다식(多式) 등을 신라에 보내어 다음과 같이 슬피 고하였다.

"망한 나라를 일으키고 끊어진 세대를 잇게 해 주는 것은 천하의 올바른 도리이니, 오직 대국에 이를 바랄 뿐입니다. 우리 나라의 선왕이 도를 잃어 멸망당하였으나, 지금 저희들은 본국의 귀족인 안승을 맞아 받들어 임금으로 삼았습니다. 바라건대 대국을 지키는 울타리가 되어 영원히 충성을 다하고자 합니다."

왕은 그들을 나라 서쪽의 금마저에 살게 하였다.(『삼국사기』〈신라 본기〉, 문무왕 10년(670년) 기록 중)'

'함형 원년인 경오년(670년) 여름 4월, 고려 추장인 검모잠이 반란을 일으켜 보장왕의 외손인 안순을 세워 왕으로 삼았다. 이에 좌감문 대장군인 고간을 동주도 행군총관으로 삼아 군사를 내어 토벌하니, 안순은 검모잠을 죽이고 신라로 달아났다.(『자치통감』〈당 고종기〉 중)'

'대장인 검모잠이 무리를 이끌고 반란을 일으켜, 보장왕의 외손인 안순을 왕으로 삼았다. 고간을 동주도 행군총관으로, 이근행을 연산도 행군총관으로 삼아 이들을 토벌케 하였다. 사평 태상백인 양방수를 보내어 나머지 도망한 무리들을 받

아들이게 하였다. 안순이 겸모잠을 살해하고 신라로 도망하였다.(『신당서』〈고려전〉중)

동아시아의 대제국으로 700년 동안 이어 온 고구려 왕조는 보장왕을 끝으로 촛불처럼 꺼지고 말았다. 그러나 강인한 고구려인의 정신은 사라지지 않았다.

그로부터 30여 년 뒤, 고구려의 유민인 대조영*이 말갈인들과 함께 발해를 세우고 잃었던 고구려의 옛 영토를 회복하였다.

훗날 송나라 임금, 신종은 신하인 왕안석(송나라의 정치가)에게 이렇게 물었다.

"중국 대륙을 지배하는 당나라가 고구려에 번번이 패한 이유가 무엇인가?"

이 말에 왕안석은 이렇게 대답했다.

대조영은 발해의 시조(재위 698~719)다. 시호는 고왕. 고구려가 망한 뒤, 남은 무리를 이끌고 천문령에서 당나라 군대에 크게 이겼다. 698년에 고구려 유민과 말갈족을 모아 동모산에 나라를 세우고, 국호는 '진'이라 하였다. 713년에 국호를 '발해'라 고치고, 고구려의 옛 땅을 거의 회복하여 해동성국을 이룩했다.

"그 무렵에 고구려에는 연개소문이라는 뛰어난 사람이 있었습니다. 연개소문처럼 용맹한 장수가 지키고 있는 한 어떤 강한 자도 고구려를 빼앗지 못할 것입니다."

중국도 두려워했던 고구려. 강인한 나라로 거듭나기 위해서 운명을 거는 모험도 마다하지 않았던 고구려. 물밀듯이 쳐들어오는 적 앞에서도 굴복하지 않았고, 번번이 통쾌한 승리를 거두었던 고구려.

그러나 결국 지배층의 배신과 내전, 강력한 지도력의 공백으로 인해 멸망의 길로 접어들고 말았던 것이다.

'역사를 바꾼 인물·인물을 키운 역사' 기획 의도

성장기 어린이부터 청소년까지 역사는 떼려야 뗄 수가 없는 공부이다. 다른 나라 역사보다 우리 나라 역사를 더 알아야 한다는 것도 분명한 사실이다. 역사를 이끌고 가는 것은 인물이다. 역사를 이로운 길로 이끈 인물이건 나쁜 길로 이끈 인물이건 역사에서 인물이란 뺴놓을 수 없는 존재다. 한 인물로 인해 역사의 흐름이 바뀌는 경우도 많고, 역사로 인해 한 인물이 탄생하는 경우도 많다. 그만큼 역사를 제대로 알려면 그 시대의 중요한 인물을 알아야 하고, 인물을 통해 역사를 읽을 수 있는 안목을 키워야 한다.

인물 이야기는 이야기 속에 그 사람 삶의 모습이 진솔하게 담겨 있어야 할 뿐만 아니라, 인간으로서의 고뇌와 절망을 극복해 나가는 모습도 모두 함께 담겨 있어야 한다. 또 그 사람의 행동은 당시 사회 상황에서 규정되기 때문에 당시의 상황 속에서 그 인물을 관찰할 수 있어야 한다.

'역사를 바꾼 인물·인물을 키운 역사'는 어린이는 물론이고 청소년, 그리고 일반인들까지 부담 없이 읽고 폭넓게 공감할 수 있는 내용으로 엮는 것을 최우선 방향으로 잡았다.

인물 이야기는 백과사전이 아니다. 한 사람을 역사 속에서 바라보는 것이다. 제대로 쓰인 인물 이야기가 아니면 의미가 없다. 시대와

장소를 초월해서 하늘이 내린 인물이나 신적인 존재로 그려진 그런 인물 이야기가 아니라, 인간적인 냄새가 물씬 풍기는, 제대로 쓰인 인물 이야기가 필요할 때다.

또한 역사는 결코 지난날의 이야기가 아니다. 현재는 물론이고 미래에도 언제든지 새롭게 발견되고 새롭게 해석될 가능성이 많다. 특히 우리의 역사는 오랜 세월 동안 왜곡되고 사라진 부분이 많은 만큼 연구할 부분이 많을 수밖에 없다.

또한 우리 역사의 국통을 아는 것은 단순히 과거를 아는 것이 아니다. 우리 민족이 섬겨 왔던 조물주의 창조 섭리, 인간이 어떻게 태어나고 어떻게 봄·여름·가을·겨울 살아왔느냐 하는 삶의 과정과 역사의 깊은 섭리를 아는 것이다.

그러자면 여러 가지 학설과 주장을 두루 듣고 연구해서 진실에 가까운 역사를 찾아내는 것이 무엇보다 중요하다. 또한 한 인물을 제대로 이해하려면 무엇보다 그 시대의 역사를 제대로 이해해야 하고, 역사를 이해하려면 그 시대를 움직인 인물을 제대로 이해하려는 노력이 필요하다.

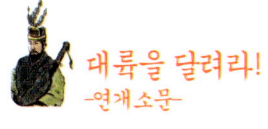

대륙을 달려라!
-연개소문-

초판 1쇄 발행	2009년 6월 30일
글	역사 · 인물 편찬 위원회
펴낸이	이영애
디자인	장원석 · 김재영
책임 교열	마경호
표지 그림	박경민
펴낸곳	역사디딤돌
주소	서울특별시 양천구 목2동 504-17번지
전화	(070)7690-2292
팩스	(02)6280-2292
E-mail	123pen@naver.com
ISBN	978-89-962557-4-1
	978-89-962557-9-6(세트)

잘못된 책은 서점에서 교환해 드립니다. 저저와 협약에 의해 인지는 생략합니다.
신저작권법에 의하여 보호를 받는 저작물이므로 무단 전재와 복제를 금합니다.

001 창세기 신화와 고조선－단군왕검

역사 · 인물 편찬 위원회 엮음 | 값 8,500원

우리나라의 창세기 신화와 우리 민족이 시조로 받드는 고조선의 첫 임금인 단군왕검. 하늘을 다스리는 환인의 아들인 환웅과 웅녀 사이에서 태어난 단군왕검은 기원전 2333년에 아사달에 도읍을 정하고 고조선을 건국하였다. '홍익인간' 사상을 널리 퍼뜨리며 나라의 기틀을 다졌다. 신화 속의 단군을 역사 속으로 불러내어 우리 민족의 뿌리를 되찾고 자긍심을 되새기는 데 의미가 있다.

002 태양의 나라－동명성왕

역사 · 인물 편찬 위원회 엮음 | 값 8,500원

알에서 태어나 나라를 세운 고구려의 시조 동명왕. 알에서 태어난 주몽은 졸본에 이르러 도읍을 정한다. 고구려를 건국하는 과정에서 졸본부여의 유력자였던 연타취발의 딸 소서노와 결혼한 뒤, 국가의 위상을 일신하기 위해 대대적인 영토 확장 전쟁을 벌이기 시작한다. 영토 확장을 위해 변방에 살고 있던 말갈족의 부락을 평정하였고 비류수 상류에 있던 비류국의 송양왕과 활쏘기 경쟁으로 항복을 받아내기도 했다. 동명왕을 통해 고구려가 어떻게 강한 나라로 성장할 수 있었는지 고구려인의 기상을 엿볼 수 있다.

003 위대한 나라－광개토대왕

역사 · 인물 편찬 위원회 엮음 | 값 8,500원

우리 역사상 가장 넓은 영토를 지배했던, 가장 위대한 왕인 광개토대왕. 대국에 기대지 않고 스스로의 힘으로 우리 나라를 빛내낸 광개토대왕이, 과거를 지나 현재까지 우리 민족의 사기를 북돋아 주는 왕으로 살아 있는 이유가 담겨 있다. 광개토대왕은 왕의 자리에 오른 뒤에 앞선 왕들이 이룩해 놓은, 굳건한 국력을 바탕으로 영토를 확장해 고구려의 기상을 드높였다. 사방의 적을 물리치고 영토를 넓혀 만주와 한반도에 걸친 강한 고구려를 만들었다. 남쪽으로는 한강 아래까지, 서쪽으로는 요녕성 강 동쪽까지, 북쪽으로는 시베리아까지 광대한 영토를 확보했다. 광개토대왕이 왕의 자리에 있는 동안 공격한 성이 64채, 마을이 1,400여곳이었다고 한다.

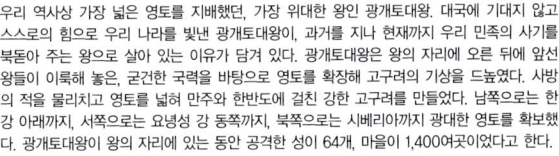

004 살수대첩과 고구려－을지문덕

역사 · 인물 편찬 위원회 엮음 | 값 8,500원

고구려는 중국의 수나라, 당나라와 약 70년에 걸쳐 큰 전쟁을 치렀다. 수나라와 당나라는 중국을 통일한 강대국이었다. 만약 고구려가 패했다면 한반도는 중국 영토가 되고 말았을 것이다. 그러나 고구려에는 을지문덕이 있었다. 을지문덕은 수양제가 113만 대군을 이끌고 고구려를 침공하자 거짓으로 항복하여, 혼자 적진으로 들어가 적의 형편을 살폈다. 수나라의 힘을 소모시키기 위해 일부러 패배하고 도망치는 것처럼 꾸며 적을 유린하였고, 후퇴하는 수나라 군사가 살수를 건널 때에 둑을 터뜨려 큰 승리를 거두었다. 그 후 을지문덕은 여러 차례의 수나라 침공을 막아 냈고, 이는 수나라가 멸망하게 된 계기가 되었다.

005 대륙을 달려라!－연개소문

역사 · 인물 편찬 위원회 엮음 | 값 8,500원

영류왕 재위 무렵, 고구려의 지배 세력은 평양성파와 국내성파로 나뉘었다. 영류왕은 온건파인 국내성파에 기울어져 평화 정책을 폈지만, 연개소문이 중심이 된 평양성파의 거센 반발에 부딪혀야 했다. 연개소문은 당나라와의 일전도 피하지 않았고, 결국 당 태종 이세민의 대군을 물리치고 드넓은 요동 땅을 호령했다. 연개소문은 어떻게 당나라 대군을 물리치고 요동 땅을 지배하였는가? 그리고 무엇이 연개소문을 작은 반도인이 아닌, 커다란 대륙을 지배하는 대륙인으로 만들었는가. 연개소문의 기상과 용기, 결단력 그리고 지도력은 영원히 살아 있다.

006 거인이 세운 발해-대조영

역사·인물 편찬 위원회 엮음 | 값 8,500원

한반도 북부에서 시베리아까지, 중국 북동부에서 연해주까지 대제국을 건설했던 영원한 대제국 발해. 그리고 대륙을 거침없이 내달렸던 우리 역사의 자부심, 대조영. 대조영은 천문령에서 당나라 군대를 크게 무찌르고 몰려든 고구려와 말갈 유민과 함께 동쪽으로 이동한 뒤, 698년에 동모산에 나라를 세우고 나라 이름을 '진'이라고 하였다. 713년에 나라 이름을 '발해'라 고치고, 고구려의 옛 땅을 거의 되찾아 해동성국을 이룩하였다.

007 실크 로드 제국-고선지

역사·인물 편찬 위원회 엮음 | 값 8,500원

영국의 유명한 고고학자인 오웬 스타인은 파미르 고원과 탄구령을 정복한 고선지 장군이 한니발이나 나폴레옹보다 더 위대하다고 말한 바 있다. 패망한 고구려의 유민 출신으로 타클라마칸과 파미르를 건너 실크 로드의 지배자로 세계 제국 당의 전성기를 빛내고, 대륙의 별이 된 전설적인 장군 고선지. 그의 생애를 통해 잃어버린 한국사의 한 부분을 찾아볼 수 있다.

008 황금알 왕국-김수로왕

역사·인물 편찬 위원회 엮음 | 값 8,500원

김해 김씨의 시조이자 가야국을 세운 김수로 왕. 나라를 지키는 일에는 강한 왕의 소임을 다했으나 언제나 백성의 생활을 살피는 일을 우선으로 하였고, 왕비인 허황옥과 더불어 금실 좋은 부부로 정사를 함께 의논하는 모습을 보여 줌으로써 백성에게 가정의 소중한 가치를 깨닫게 해 주기도 했다. 신라와 백제의 틈에 끼어서도 선진 문명을 개척한 철기 문화를 이끌었던 수로왕을 통해 잃어버린 왕국인 가야국의 비밀을 엿볼 수 있다.

009 가야금의 전설-우륵

역사·인물 편찬 위원회 엮음 | 값 8,500원

가야를 다스리던 가실왕이 우륵에게 "중국(수나라)에는 악기가 있는데 어찌 우리 나라에는 하나도 없는가?" 하고 묻자, 가실왕의 뜻을 헤아려 가야금을 만들고 12곡을 지었다. 가야국의 멸망과 함께 우륵은 가야금을 안고 신라로 망명했고, 진흥왕을 만나 신라 땅에 가야금의 선율을 널리 퍼뜨렸다. 한평생 단지 음악을 위해 살고 싶었던 인간 우륵의 진솔한 삶의 이야기.

010 백제 벌판을 달려라!-온조왕

역사·인물 편찬 위원회 엮음 | 값 8,500원

백제의 건국 시조이며, 고구려의 시조인 동명왕의 셋째 아들인 온조왕. 온조는 유리가 태자 자리에 오르자 형 비류, 어머니 소서노와 함께 신하와 백성을 이끌고 고구려를 떠나 남쪽 위례성에 새 나라를 세운다. 온조는 군사를 이끌고 말갈족을 무찌르고 백성의 생활 안정을 위해 많은 노력을 한다. 또 신하들을 나라 곳곳에 파견해 농업과 양잠업을 장려하고 불필요한 제도를 없애는 등 백제를 강한 제국으로 이끈다. 온조가 나라의 기틀을 튼튼히 닦은 덕분에 백제는 이른 시기에 고대 국가로 발전할 수 있었다.